COMO USE LA VERDAD

Ma —
Que disfrutes el libro y que te
ayude a traer a Unity cerca
de tus días cada vez que lo
leas. Te quiero!
Nilda

COMO USE LA VERDAD

H. Emilie Cady

Unity Village, Missouri U.S.A.

Edición encuadernada en rústica en español 1996

Primera impresión en español 1965;
quinta impresión 1996

Cómo usé la Verdad fue editado por primera vez en inglés en 1916 con el título *Escritos misceláneos*; fue publicado originalmente con el título *Cómo usé la Verdad* en 1939.

Para recibir un catálogo de las publicaciones de Unity en español o para hacer un pedido, favor de escribir al Departamento de Traducciones, Unity School of Christianity, 1901 N W Blue Parkway, Unity Village, Missouri, 64065-0001, U.S.A.

Diseño de la cubierta por Gretchen L. West

Se usa la antigua versión de Casiodoro de Reina (1569) revisada por Cipriano de Valera (1602) por todo versículo bíblico, a menos que se indique diferente.

LIBRARY OF CONGRESS CATALOGING-IN-PUBLICATION DATA
Cady, H. Emilie (Harriet Emilie), 1848-1941.
[How I Used Truth. Spanish]
Cómo usé la verdad / H. Emilie Cady.
p. cm.
Includes bibliographical references.
1. Spiritual life—Unity School of Christianity. 2. Unity School of Christianity—Doctrines. 3. Cady, H. Emilie (Harriet Emilie), 1848-1941. I. Title.
BX9890.U505 1996
248.4'8997—dc20 95-23210
ISBN 0-87159-068-9
Canada GST R132529033

Para Unity Books es un deber sagrado ser una presencia sanadora en el mundo. Al imprimir con tinta biodegradable de soya en papel reciclado, creemos que ponemos de nuestra parte para ser administradores sabios de los recursos de nuestro planeta Tierra.

DEDICADO

A LOS MUCHOS AMABLES AMIGOS
EN TODO EL MUNDO QUE HAN SIDO
ANIMADOS Y AYUDADOS POR
ESTOS SENCILLOS MENSAJES

INDICE

PREFACIO

A causa de las repetidas peticiones de muchos amigos que han sido ayudados con la lectura de varios folletos y artículos de la autora en revistas, nos ha parecido bien compilarlos en un libro para ofrecer una manera conveniente a los lectores de tenerlos siempre a la mano. Los ensayos que forman este volumen se escribieron de tiempo en tiempo como resultado de experiencia diaria práctica. En ninguno de ellos hay nada oculto o misterioso; tampoco ha habido pretensiones literarias. Cada capítulo es muy claro y simple.

Al revisar los artículos ha habido unos pocos cambios que nada alteran lo esencial; mas el Principio y su aplicación quedan igual. La verdad es aquello que es y nunca puede cambiar. Cada declaración aquí *es* tan verdadera y aplicable hoy como era cuando se escribieron estas páginas. No pedimos a nadie que crea lo que está escrito aquí simplemente porque es presentado como Verdad. "Prueba todas las cosas" por ti mismo; es posible probar cada declaración de este libro. Cada una fue probada antes de ser escrita. Ninguna persona puede resolver los problemas de otra. Cada uno tiene que lograr su propia salvación. Aquí encontramos algunas reglas efectivas, sugerencias y ayuda para esto; pero los resultados que uno pueda obtener de ellas dependerán de la lealtad y persistencia con que uno use la ayuda que damos.

La autora agradece las muchas palabras de aprecio que ha recibido de tiempo en tiempo. Esas palabras son alentadoras para quien está tratando de resolver los problemas de su propia vida, como tú estás tratando de resolver los tuyos por medio de las enseñanzas del Maestro.

"Lecciones acerca de la Verdad", a causa de su efectiva utilidad, ha sido solicitado y publicado en once idiomas. Esperamos que este libro, difundido ahora con el mismo objeto —ser ayuda práctica y viviente en la vida diaria— encuentre igual destino.

—H. Emilie Cady
1 de enero de 1916

Capítulo 1

¿Por qué?

La siguiente carta fue escrita por H. Emilie Cady a Lowell Fillmore. En ella la doctora Cady dice muchas cosas útiles e inspiradoras que creemos sean interesantes para los amantes de su libro "Cómo usé la Verdad".

Querido señor Fillmore:

Cuando le envié hace algunas semanas un ejemplar del pequeño folleto "Toda suficiencia en todas las cosas", que usted me dijo había sido impreso clandestinamente por un editor anónimo, se preguntó por qué yo sentí tanto el hecho de que el artículo hubiera sido fragmentado con diferentes subtítulos. Le diré por qué.

Casi todos los artículos sencillos de "Cómo usé la Verdad" nacieron del afán de mi alma después que hube pasado semanas, meses y algunas veces años, tratando por medio de afirmaciones, reclamando las promesas de Jesucristo y usando fielmente todo el conocimiento de Verdad que poseía entonces para lograr mi liberación o la de otros de la penosa esclavitud que hasta entonces había desafiado toda ayuda humana. Uno de estos casos era el de mi viejo padre, quien, aunque perfectamente inocente, había sido mantenido en el exilio cinco años a causa de las maquinaciones perversas de otro hombre. Ningún proceso legal invocado por mí, ninguna ayuda humana, ni aun las oraciones que había ofrecido, en apariencia habían sido eficaces para su liberación. Un día, sentada sola en mi cuarto, mis manos ocupadas en otras cosas, exclamé desde mi corazón: "¡Oh, Dios, extiende Tu mano y libera!" Al instante llegó la contestación: "Yo no tengo otras manos que las humanas. Tu mano es mi mano; extiéndela espiritualmente, da lo que desees a quien tú quieras y yo lo estableceré".

Sin replicar, obedecí. Desde aquel momento, sin más ayuda adicional externa, el camino de su liberación se abrió delante de nosotros y en pocos días mi amado padre regresó libre al hogar, justificado y exonerado pública y privadamente, más allá de lo que hubiéramos podido pedir o pensar.[1] Entonces escribí "La mano de Dios".

Otro caso fue el de un querido joven amigo, puesto bajo mi cuidado. Estaba entrando en una vida de bebedor y de disipación. Hubo semanas de tremenda ansiedad mientras lo veía beber día tras día antes de que llegara al punto donde pude "soltarlo y dejarlo ir". Cuando llegué a ese punto, me

1. El caso fue comentado en todos los periódicos en el país donde mi padre residía inclusive en el "New York Sun". Su inocencia fue claramente establecida. Una vez más se sentó feliz bajo los árboles en su propio patio y recibió felicitaciones. Delegación tras delegación llegaron desde millas y millas de distancia; amigos que lo habían conocido desde la niñez vinieron a asegurarle que su larga vida de rectitud nunca había sido puesta en duda en sus mentes. El tenía setenta y cinco años y, siendo un hombre honrado, había sentido hondamente la desgracia. Estos amigos leales no habían podido ayudarlo hasta que Dios lo hizo. Su exoneración renovó la fe de muchos.

paré ahí firmemente (a pesar de las apariencias); sólo se requirieron unas cuantas horas para verle completamente sano, y, aunque han pasado cuarenta años, no ha vuelto a beber una gota de licor ni se ha permitido ninguna forma de disipación desde entonces. La lección "Suéltalo y déjalo ir", se escribió entonces.

Luego surgió la cuestión de la provisión de dinero. Yo tenía una buena profesión con bastantes pacientes que pagaban sus facturas todos los meses. Pero había otra gente que venía a mí diariamente por ayuda, gente que había agotado sus medios visibles de sostenimiento. Estos casos de carencia, como se presentaban ante mí, eran casos como de cáncer roedor o penoso reumatismo. Por tanto, debía haber una salida de ellos por medio de la Verdad y yo debía encontrarla. Como siempre, en lugar de correr a otros en busca de ayuda en momentos difíciles, me quedé en casa dentro de mi propia alma y le pedí a Dios que me enseñara el camino. El lo hizo. Me dio la clara visión de Sí mismo como "Toda suficiencia en todas las cosas"; y entonces dijo: "Ahora pruébalo para que puedas ser ayuda real para los centenares que no tienen una profesión o negocio de qué depender". Desde aquel día, ningún ministerio o trabajo fue hecho por mí por "paga". No se mandaron facturas mensuales, no se cobraron más las visitas en el consultorio. Vi claramente que debía trabajar como Dios trabaja, sin expectación ni pensamiento de recompensa.

Por más de dos años trabajé en este problema, no

dejando que ningún ser humano supiera lo que estaba tratando de probar; porque, ¿no me había dicho El: "Pruébame ahora de este modo ... abro para ti las ventanas del cielo y vierto una bendición que no habrá espacio bastante para recibirla"?

Más de una vez en el transcurso del día el cuerpo desfallecía por falta de alimento; mas, tan segura estaba de lo que Dios me había mostrado, que día tras día enseñé gozosa y confiadamente la Verdad de Dios como substancia de toda provisión a los que venían a mi consultorio —y eran muchos en aquellos días. Al final de dos años de aparente fracaso sentí de pronto que no podía soportar la privación por más tiempo. Otra vez, casi desesperada por la aplazada esperanza de éxito, acudí directamente a Dios y exclamé: "¿Por qué, por qué este fracaso? Tú me dijiste en la visión que si yo renunciaba la vieja manera y confiaba en Ti solamente, Tú me probarías Tu suficiencia. ¿Por qué no lo has hecho?"

Su respuesta relampagueó en estas palabras: "Dios dijo: haya luz; y hubo luz". Fue toda la contestación que dio. En el momento, no comprendí. Seguí repitiendo una y otra vez las palabras "Dios dijo" dándoles más y más énfasis hasta que al fin fueron seguidas de las palabras, "Sin él, [el Verbo], no se hizo nada de lo que se ha hecho". Eso era todo lo que necesitaba. Vi con claridad que mientras por dos años, esperanzada y feliz había soportado penalidades creyendo que Dios proveería, no había ni una vez hablado la palabra: "Está hecho: Dios se manifiesta ahora como mi provisión".

Créame: aquel día hablé la palabra de mi liberación. Basta decir que el problema de provisión terminó aquel día para siempre y no ha vuelto a entrar en mi vida o en mi mente desde entonces. Este es el por qué de mi artículo "La palabra hablada".

Quiero dar un "Por qué" más de "Cómo usé la Verdad".

Después de días de dolores atroces en una torcedura del tobillo, éste se hinchó enormemente y me era imposible atender a mi trabajo profesional como médico activo. Las usuales afirmaciones de Verdad fueron enteramente inefectivas y pronto busqué la más elevada declaración de Verdad que pude formular. Fue ésta: "Sólo existe Dios; todo lo demás es mentira". Afirmé esto con vehemencia y me atuve a ello firmemente. En veinticuatro horas todo dolor e hinchazón —de hecho, la "mentira" entera— había desaparecido. Sobre esa experiencia escribí "Verdad sin adulteración".

¿No ve usted, querido señor Fillmore, cómo estos artículos sencillamente escritos en "Cómo usé la Verdad" son mis hijos; y cómo toda revisión o cambio en ellos me parece una violación de algo sagrado entre Dios y yo? Estoy segura que comprende. En cada caso había probado a Dios antes de escribir. Doy gracias a los Fillmore porque han conservado estos mensajes como se escribieron.

De usted en Su nombre,
H. Emilie Cady

Capítulo 2

Encontrando el Cristo en nosotros

En todas Sus enseñanzas Jesús trató de mostrar a los que le escuchaban cómo estaba relacionado con el Padre y enseñarles que ellos estaban relacionados con el mismo Padre exactamente de la misma manera. Una y otra vez trató de explicarles de diferentes maneras que Dios vivía en ellos; que "Dios no es Dios de muertos, sino de vivos" (Mt. 22:32). Y nunca, ni una vez, asumió que hacía algo por Sí mismo, diciendo siempre: "El padre que mora en mí, él hace las obras" (Jn. 14:10). Pero era muy difícil entonces para la gente comprender, como es muy difícil para nosotros hoy comprenderlo.

Había en la persona de Jesús dos aspectos distintos: la parte carnal o mortal que era Jesús, el hijo del hombre, y la parte central y viviente, la parte real, que era el Espíritu, el Hijo de Dios —que era el Cristo, el Ungido. Así cada uno de nosotros tiene dos aspectos del ser —uno, la parte carnal, mortal, que está siempre sintiendo su debilidad e insuficiencia en todas las cosas; siempre diciendo: "Yo no puedo". Entonces en el mismo centro de nuestro ser, hay algo que en nuestros momentos supremos se conoce a sí mismo más que conquistador sobre todas las cosas; que dice siempre: "Yo puedo y yo quiero". Es el Cristo niño, el Hijo de Dios, el Ungido en nosotros. "No llaméis padre vuestro a nadie en la tierra" —dijo Jesús— "porque uno es vuestro Padre que está en los cielos" (Mt. 23:9).

Aquel que nos creó no nos hizo separados de El como un trabajador hace una mesa o una silla y la deja como algo ya completo, sólo para ser devuelto al hacedor cuando necesita reparaciones. De ninguna manera. Dios no sólo nos creó en el principio, sino que es la fuente de vida misma siempre en nosotros. De esa fuente surge constantemente nueva vida para recrear estos cuerpos mortales. El es la inteligencia permanente que llena y renueva nuestra mente siempre. Sus criaturas no existirían ni un momento si El fuera a ser o pudiera ser separado de ellas. Somos el templo del Dios viviente, como Dios dijo, "Habitaré y andaré entre ellos" (2 Co. 6:16).

Supongamos que una bella fuente se suple de un manantial oculto, pero inextinguible. En su centro, está llena de fuerte, vigorosa vida, burbujeando continuamente con gran actividad; pero, en la orilla, el agua está casi inmóvil y se ha vuelto impura y cubierta de limo. Esto representa exactamente al hombre. Está compuesto de una substancia infinitamente más sutil, más real que el agua. "Porque linaje suyo somos" (Hch. 17:28). El hombre es la descendencia —o expresión en la visibilidad— de Dios Padre. En el centro es Espíritu puro, hecho a la imagen y semejanza del Padre, substancia del Padre, uno con el Padre, alimentado y renovado continuamente por el inextinguible bien que es el Padre. "En él vivimos, y nos movemos, y somos" (Hch. 17:28). En la orilla, donde el estancamiento ha tenido lugar (la cual es el cuerpo del hombre), no hay mucho que se parezca a Dios de ningún modo. Fijamos nuestros ojos en la circunferencia o lo externo de nuestro ser. Perdemos la conciencia de Dios, siempre activo e incambiable en el centro, y nos vemos enfermos, débiles y, en todos los aspectos, miserables. No es hasta que aprendemos a vivir en el centro y saber que tenemos el poder de irradiar de ese centro esta vida incesante y abundante, que logramos estar bien y fuertes.

Jesús mantuvo Sus ojos completamente alejados de lo externo y sostuvo sus pensamientos en la parte central de Su ser, que era el Cristo. "No juzguéis según las apariencias" —es decir, de acuerdo con lo externo— "sino juzgad con justo juicio" (Jn. 7:24), de acuerdo con la verdad real, o desde el Espíritu. En Jesús, el Cristo o la chispa central que es Dios, la misma que vive en cada uno de nosotros hoy, fue traída a manifestación perfecta, por encima del cuerpo u hombre carnal. El hizo todas Sus poderosas obras, no porque se le diera un poder mayor o diferente a aquel que Dios nos ha dado; no porque fuera un Hijo de Dios y nosotros sólo hijos de Dios —sino porque esta misma chispa divina, que el Padre ha implantado en todo niño, había sido avivada por Sus influencias prenatales, temprano ambiente y por sus propios esfuerzos posteriores para mantenerse en comunión constante y consciente con el Padre, la Fuente de todo amor, vida y poder.

Ser tentado no significa que te llegan cosas que, no importa cuánto afecten a otros, a ti no te afectan a causa de alguna superioridad en ti. Significa ser probado, sufrir y tener que hacer un esfuerzo para resistir. En Hebreos se habla de Jesús como "uno que fue tentado en todo según nuestra semejanza" (He. 4:15). Y Jesús mismo confesó haber sido tentado, cuando dijo a Sus discípulos: "Vosotros sois los que habéis permanecido conmigo en mis pruebas" (Lc. 22:28). La humanidad del Nazareno "sufrió siendo tentado", o probado tanto como tú y yo sufrimos hoy a causa de tentaciones y pruebas, y exactamente de la misma manera.

Sabemos que durante Su ministerio público, Jesús empleó cada día horas solo con Dios; y ninguno de nosotros sabe por lo que El pasó en todos los años de su temprana juventud —tal como tú y yo estamos haciendo hoy— en el vencimiento de lo mortal: Sus deseos carnales, Sus dudas y miedos, hasta que alcanzó el perfecto reconocimiento de esta Presencia que vive en nosotros, este "Padre en mí" a quien daba el crédito por todas Sus maravillosas obras. El tuvo que aprender como nosotros estamos teniendo que aprender; tuvo que mantenerse firme como nosotros tenemos que hacerlo hoy; tuvo que tratar una y otra vez para vencer, como nosotros lo hacemos, o de otro modo, no fue "tentado en todos los aspectos como lo somos nosotros".

Todos debemos reconocer que fue el Cristo interno el que hizo a Jesús lo que fue; y nuestro poder ahora de ayudarnos y ayudar a otros, está en comprender la verdad —porque es una verdad, ya la comprendamos o no— de que este mismo Cristo que vivió en Jesús, vive en nosotros. Es la parte de Sí mismo que Dios ha puesto dentro de nosotros, que siempre vive ahí, como un inexpresable amor y deseo de precipitarse a la circunferencia de nuestro ser, o a nuestra conciencia, como nuestra suficiencia en todas las cosas. "Jehová está en medio de ti, poderoso, él salvará (o quiere salvar); él se regocijará por ti con alegría; él descansará en su amor; se gozará sobre ti con alegría, callará de amor, se regocijará sobre ti con cánticos" (Sof. 3:17). Cristo dentro de nosotros es el "Hijo amado", lo mismo que lo era en Jesús. Es el "Yo en ellos, y tú en mí, para que sean perfectos" (Jn. 17:23) de que habló Jesús.

En toda esta explicación no disminuimos en nada a Jesús. El es todavía nuestro Salvador, en el hecho de que pasó sufrimientos indecibles en su crucifixión para podernos guiar a Dios, enseñarnos el camino para salir de nuestro pecado, enfermedad y perturbación; para poder manifestarnos al Padre y enseñarnos cómo el mismo Padre nos ama y vive en nosotros. Amamos a Jesús y debemos amarlo siempre con un amor mayor que todos los otros; para probar nuestro amor debemos seguir fielmente Sus enseñanzas y Su vida. De ninguna manera podemos hacer esto con perfección si no tratamos de llegar al significado real de todo lo que dijo y dejar que el Padre trabaje a través de nosotros como lo hizo en El, nuestro perfecto Hermano Mayor y Salvador.

Jesús unas veces habló desde la parte mortal de Sí

mismo, pero vivió casi por entero en la parte crística, tan conscientemente en el centro de Su ser, donde la esencia misma del Padre burbujeaba en incesante actividad, que usualmente hablaba desde ahí.

Cuando dijo: "Venid a mí ... y yo os haré descansar" (Mt. 11:28), no pudo querer invitar a la humanidad a venir a Su ser personal y mortal, porque sabía que millones de hombres y mujeres no podrían nunca llegar a El en persona. Hablaba entonces desde Su ser crístico no queriendo decir "Venid a mí, Jesús" sino "Venid al Cristo"; ni quiso decir "Venid al Cristo que vive en mí", porque comparativamente pocos podrían hacer eso jamás. Pero dijo: "Las palabras que os hablo no las hablo por mi propia cuenta, sino que el Padre que mora en mí, él hace las obras" (Jn. 14:10). Entonces, no era el Padre diciendo "Venid a Jesús", sino "Venid a mí", esto es, "Venid fuera de la parte mortal en vosotros en donde todo es enfermedad y sufrimiento y perturbación, a la parte crística donde yo vivo y os daré descanso. Levantaos al conocimiento de que sois uno con el Padre; que estáis rodeados y llenos de amor divino; que no hay nada en el universo que sea real sino el bien y que todo el bien es vuestro y os dará descanso".

"Nadie viene al Padre, sino por mí" (Jn. 4:6) no significa que Dios es un Padre severo a quien tenemos que halagar y conciliar yendo a El por medio de Jesús, Su Hijo más bondadoso, y con quien es más fácil tratar. ¿No dijo Jesús: "El que me ha visto a mí, ha visto al Padre" (Jn. 14:9), o en otras palabras:

"Como yo en amor y accesibilidad, así es el Padre"? Estas palabras significan que ningún hombre puede venir al Padre excepto por medio de la parte crística en él. No puedes llegar por medio de otra persona o un camino externo. Otro puede enseñarte cómo llegar y darte la seguridad de todo lo que es tuyo si llegas a El, pero tienes que acudir dentro de tu propia alma, encontrar el Cristo allí y buscar al Padre a través del Hijo, para cualquiera cosa buena que necesites.

Jesús trataba siempre de desviar la mente de las personas fuera de Su personalidad y fijarlos en el Padre en El como fuente de todo Su poder. Y, cuando al final ellos estaban apegados a Su ser mortal porque sus ojos no habían sido abiertos aún para comprender que Cristo estaba dentro de sus propias almas, dijo: "Os conviene que yo me vaya; porque si no me fuese, el consolador no vendría a vosotros" (Jn. 16:7). Esto es: si El se quedaba donde ellos pudieran ver Su personalidad todo el tiempo, nunca sabrían que el mismo Espíritu de verdad y poder vivía dentro de ellos.

Hay gran diferencia entre una vida cristiana y una vida en Cristo. Vivir una vida cristiana es seguir la enseñanza de Jesús con el pensamiento de que Dios y Cristo están fuera del hombre para ser llamados, no siempre con respuesta. Vivir una vida en Cristo es seguir la enseñanza de Jesús sabiendo que la presencia de Dios en nosotros, que siempre es vida, amor y poder dentro de nosotros, está ahora pronta a expresarse abundantemente, por siempre, pródigamente, en nuestra conciencia y por medio de nosotros a nuestros semejantes, desde el momento en que estamos receptivos a ella y la esperamos confiados. La vida cristiana es seguir a Cristo, lo cual es bueno y bello hasta cierta medida, pero siempre muy imperfecto. La vida en Cristo es dejar a Cristo, el Hijo perfecto de Dios, manifestarse por medio de nosotros. La vida cristiana espera ser salvada del pecado, la enfermedad y la perturbación, algún día; la vida en Cristo es saber que somos en realidad salvados ahora de todos esos errores por el Cristo que vive en nosotros, y afirmarlo con fe hasta que la evidencia se manifieste en nuestro cuerpo.

Creer simplemente que Jesús murió en la cruz para aplacar la ira de Dios nunca ha salvado ni salvará a nadie del pecado, la enfermedad o carencia presentes, y no fue lo que Jesús enseñó. "Los demonios también creen y tiemblan" se nos dice, pero no son salvados por eso. Tiene que haber algo más que esto, un toque viviente de alguna clase, una especie de intercomunicación de nuestra alma con la Fuente divina de todo bien y provisión. Debemos tener fe en el Cristo, creer que vive en nosotros y es el Hijo de Dios en nosotros; que este Morador único tiene poder de salvarnos y sanarnos; aún más, que ya nos ha sanado. Porque ¿no dijo el Maestro: "Y todo lo que pidiereis en oración, creyendo, lo recibiréis" (Mt. 21:22)?

Si entonces manifiestas enfermedad, debes pasar por alto la apariencia —que es lo externo o circunferencia del pozo donde el agua se ha estancado y ha surgido el limo— y, hablando desde el centro de tu ser, di: "Este cuerpo es el templo del Dios viviente; el Señor está ahora en Su santo templo; Cristo en mí es mi vida; Cristo es mi salud; Cristo es mi fortaleza; Cristo es perfecto. Por tanto, yo soy Perfecto ahora, porque El vive en mí como perfecta vida, salud, fortaleza". Di esas palabras con todo fervor tratando de comprender lo que estás diciendo y casi inmediatamente la fuente perenne de vida en el centro de tu ser empezará a burbujear y continuará con rápido aumento de actividad hasta que nueva vida irradie a través de dolores, enfermedades, enconos, toda dolencia, a la superficie, y tu cuerpo expresará la perfecta vida de Cristo.

Supongamos que es dinero lo que necesitas. Piensa: "Cristo es mi abundante provisión. El está aquí en mí ahora y desea intensamente manifestarse como mi provisión. Sus deseos se cumplen ahora". No dejes que tus pensamientos se desvíen a cómo El va a hacer esto; sólo mantén con firmeza el pensamiento de la provisión aquí y ahora, quitando tus ojos de todas las otras fuentes, y El honrará tu fe con seguridad manifestándose como tu provisión, centuplicando la abundancia que hayas pedido o pensado. Así es también con "Cualesquiera cosas porque hayas orado o pedido". Pero recuerda las importantes palabras del apóstol Santiago: "El que duda es semejante a la onda del mar, que es arrastrada por el viento y echada de una parte a otra. No piense, pues, quien tal haga, que recibirá cosa alguna del Señor" (Stg. 1:6-7).

En ninguna parte del Nuevo Testamento se presenta la idea de que Jesús vino para que, después de la muerte, hubiera remisión de penalidad por el pecado. Esa creencia es pura ficción de la ignorante mente carnal del hombre de tiempos posteriores. En muchos pasajes de la Biblia se hace referencia a la "remisión de los pecados" y Jesús mismo, según Lucas, dijo que el arrepentimiento y la remisión de los pecados debían predicarse en Su nombre a todas las naciones.

"Pecados", en el texto original, no significa crimen merecedor de castigo. Significa cualquier falta o fracaso causante de sufrimiento. Jesús vino para que pudiera haber remisión o cesación de pecados, agravios, faltas, que eran inevitablemente seguidos de sufrimiento. El vino a traer buenas "nuevas de gran gozo, que será para todo el pueblo" (Lc. 2:10). ¿Nuevas de qué? Nuevas de salvación. ¿Cuándo? ¿Dónde? No salvación de castigo después de la muerte, sino salvación de faltas y fracasos aquí y ahora. Vino a mostrarnos que Dios, nuestro Creador y Padre, anhela inefablemente ser para nosotros por medio de Cristo, la abundancia de todas las cosas que necesitamos o deseamos. Pero nuestra parte es elegir seguirle y obedecer Sus admoniciones de "sostenernos firmes hasta que yo venga" —no después de la muerte, sino sosteniéndonos con firmeza en la fe hasta que El se manifieste. Por ejemplo, al buscar en El la salud, cuando por un acto de tu voluntad cesas de volverte a cualquier fuente material (y esto no es siempre fácil) y declaras que el Cristo en ti es la vida única y siempre perfecta del cuerpo, sólo necesitas que te mantengas firme, sin vacilar, en ese pensamiento, para que sanes.

Una vez que hayas puesto el asunto en las manos del Cristo que vive en ti siempre, en quien en todo momento hay el irreprimible deseo de salir a nuestro rescate y hacer todas las cosas por nosotros, no te atrevas a tomarlo de nuevo en tus manos mortales, para actuar por ti mismo. Porque al hacerlo así, sencillamente estás posponiendo el tiempo de Su manifestación. Todo lo que tienes que hacer en el asunto es sostener el pensamiento: "Está hecho. Se manifiesta ahora". Esta divina presencia es nuestra suficiencia en todas las cosas, y se materializará como tal en todo lo que necesitemos o deseemos si la esperamos confiados.

Confiar en Cristo dentro de nosotros en todas las cosas —sabiendo que somos uno con El y El nos ha dado todo poder— no es algo que viene espontáneamente a ninguno de nosotros. Viene por esfuerzo persistente de nuestra parte. Empezamos determinando que confiaremos en El como nuestra presente liberación, como nuestra salud, riqueza, sabiduría, nuestro todo, y continuamos esto con esfuerzo laborioso, hasta formar una especie de hábito espiritual. Ningún hábito surge plenamente formado en nuestra vida; cada uno es el resultado de una sucesión de pequeños actos. Cuando ves a alguien haciendo la obra de Cristo: sanando al enfermo, liberando al limitado, y así sucesivamente, por la palabra de Verdad, hablada con fe, puedes tener la seguridad de que esta fe no vino a esa persona de una fuente externa de una vez. Si sabes los hechos, probablemente sabrás que hubo días y noches en que, con puños y dientes apretados se mantuvo asida al Cristo dentro de sí "confiando donde no podía rastrear" hasta encontrarse poseedora de la misma "fe de Jesús".

Si queremos que el Padre en nosotros, que es el Cristo, se manifieste como todo por medio de nosotros, debemos aprender a aquietar lo mortal en nosotros, aquietar todas sus dudas, miedos y creencias falsas, y sostenernos estrictamente en el Cristo. En Su nombre podemos decir las palabras de curación, paz y liberación a otros, pero como Jesús dijo de Sí mismo, nosotros también debemos decir: "Nada hago por mí mismo" (Jn. 8:28) y "el Padre que mora en mí, él hace las obras" (Jn. 14:10). El es el poder siempre presente para vencer todo error, enfermedad, debilidad, ignorancia o cualquier cosa indeseable. Reclamamos ese poder y lo traemos a nuestra conciencia, donde es de uso práctico, declarando una y otra vez que ya es nuestro. Diciendo y tratando de convencernos que "Cristo es mi sabiduría y en consecuencia yo sé la Verdad", nos hará comprender en corto tiempo lo espiritual mejor que en meses de estudio. Decir: "Cristo es mi fortaleza, no puedo ser débil o frágil", nos hará lo bastante fuertes para enfrentar cualquier emergencia con tranquila seguridad.

Recuerda, no empezamos sintiendo estos atributos primero, sino declarándolos con fervor y fidelidad y actuando como si fueran verdaderos —y esta es la fe que trae el poder a manifestación.

El Cristo vive siempre en nosotros. Dios, la energía creadora, mandó a Su Hijo primero, aun antes de que se formara el cuerpo, y permanece siempre en nosotros, "el primogénito de toda la creación" (Col. 1:15). Pero está con nosotros como estuvo en la barca en el mar tempestuoso después que surgió la tormenta; el estar Jesús en la barca no la mantuvo sin mecerse, ni evitó que las olas coléricas la azotaran, porque El dormía. Fue sólo después que hubo despertado y necesitó manifestar Su poder, que el mar se aquietó y cesó el peligro.

El Cristo en nosotros ha estado ahí todo el tiempo, pero no lo hemos sabido y así nuestras pequeñas barcas han sido azotadas por la enfermedad, pobreza y desconfianza hasta parecer que estamos perdidos. Yo, el verdadero ser espiritual en mí, soy una con Cristo. Tú, el verdadero ser espiritual en ti, eres uno con Cristo. El verdadero ser en toda persona es el hijo de Dios, hecho a Su imagen. "Amados, ahora somos hijos de Dios, y aún no se ha manifestado lo que hemos de ser; pero sabemos que cuando él se manifieste, seremos semejantes a él, porque le veremos tal como él es" (1 Jn. 3:2). Ahora, ya, somos hijos —no cuando, algún tiempo después de la transición llamada muerte, El irrumpe a nuestra vista como un ser grande y glorioso, sino cuando hayamos aprendido a aquietar lo mortal en nosotros y dejemos al Padre manifestarse en la superficie por medio del Cristo que vive en nosotros— entonces seremos como El porque El sólo será visible por medio de nosotros.

"Mirad cuál amor nos ha dado el Padre, para que seamos llamados hijos de Dios" (1 Jn. 3:1). No somos simplemente reflejos o imágenes de Dios sino expresiones (de *ex*, fuera de, y *premere*, presionar o forzar), así por tanto, una fuerza que sale de Dios, el Todo-Bien, el Todo-Perfecto. Somos proyecciones de la invisible presencia en la visibilidad. Dios hizo al hombre uno con el Padre, como era Jesús uno con El, y en proporción a cómo reconozcamos este hecho y reclamemos nuestro derecho de nacimiento, el Padre en nosotros será manifestado para el mundo.

Muchos de nosotros tenemos la tendencia innata de evadir las palabras "Hágase tu voluntad". A causa de falsa enseñanza, o por asociaciones, hemos creído que si esa oración es contestada, nos privará de todo lo que nos da gozo o felicidad. Lo cierto es que nada está más lejos de la verdad. Oh, ¡cómo hemos tratado de acomodar el ancho amor de Dios en los estrechos límites de la mente de la persona! El mejor, más generoso, amoroso padre que haya vivido, es sólo la mínima parte de la paternidad de Dios manifestada a través de la carne. La voluntad de Dios para nosotros significa más amor, más pureza, más poder, más gozo en nuestra vida, todos los días.

Ningún estudio de las cosas espirituales y materiales, ningún esfuerzo aunque sea sobrehumano de nuestra parte, será nunca tan efectivo en hacer criaturas magníficas y divinas, expresando la misma alma ilimitada que Jesús mostró, como el orar continuamente la oración "Hágase tu voluntad" porque la voluntad del Padre es manifestar Su perfecto Ser por medio de nosotros.

> Entre las criaturas, una es mejor que otra según el Eterno Bien se manifiesta y trabaja más en una que en otra. Ahora bien: la criatura en la que el Eterno Bien se manifiesta más, resplandece, trabaja, es más conocida y amada, es la mejor; y aquélla en que el Eterno Bien se manifiesta menos es mínima entre todas las criaturas (Theologia Germanica).

"Por cuanto agradó al Padre que en él habitase toda plenitud" (Col. 1:19) —plenitud de amor, vida, gozo, poder, Todo-Bien. Cristo está en nosotros, es uno con nosotros, de modo que podamos decir intrépidos y confiados: "En Cristo todas las cosas son mías". Declarar esto hará que se manifieste.

Sobre todo lo demás, aprende a depender del Cristo en ti, no en aquél dentro de otra persona. Deja al Padre manifestarse por medio de ti según Su propia manera, aunque Su manifestación difiera de aquélla en Sus otros hijos. Hasta ahora los más iluminados espiritualmente de nosotros hemos sido meros pigmeos porque hemos, por la acción de nuestro pensamiento consciente, limitado la manifestación divina para hacerla conformarse según la manifestación hecha por medio de algún otro. Dios hará de nosotros gigantes espirituales si nosotros eliminamos todos los límites y le damos a El oportunidad.

> Aunque es bueno y provechoso que aprendamos y sepamos lo que los grandes y buenos hombres han trabajado y sufrido y cómo Dios los ha tratado y trabajado en ellos y por medio de ellos, sería mil veces mejor que nosotros aprendiéramos, percibiéramos y comprendiéramos en nosotros mismos quiénes somos y cómo y qué es nuestra vida; lo que Dios está haciendo en nosotros y lo que nos hará hacer (Theologia Germanica).

Todas las bendiciones prometidas en el capítulo 28 del Deuteronomio son para aquellos que obedecen "cuidadosamente a mis mandamientos" (Dt. 11:13), aquellos que buscan la interna voz en su alma y aprenden a oír y obedecer lo que les dice individualmente, a pesar de lo que diga a cualquier otra persona, no importa cuán alto él o ella haya avanzado en comprensión espiritual. Esta voz no te guiará exactamente como guía a otro en todo el ancho mundo, pero en la variedad infinita, habrá perfecta armonía, porque hay sólo "un Dios y Padre de todos, el cual es sobre todos, y por todos y en todos" (Ef. 4:6).

Ralph Waldo Emerson dice: "Toda alma no es sólo la entrada, sino puede volverse la salida de todo lo que hay en Dios". Sólo podemos ser esto manteniéndonos conscientemente en comunicación abierta con Dios sin la intervención de ninguna otra persona entre El y nosotros. "La unción que vosotros recibisteis de él, permanece en vosotros, y no tenéis necesidad de que nadie os enseñe" (1 Jn. 2:27). "Mas el Consolador, el Espíritu Santo, a quien el Padre enviará en mi nombre, él os enseñará todas las cosas" (Jn. 12:26).

"Pero cuando venga el Espíritu de verdad, él os guiará a toda la verdad; porque no hablará por su propia cuenta, sino que hablará todo lo que oyere, y os hará saber las cosas que habrán de venir" (Jn. 16:13).

Se necesita sólo la palabrita ahora, sostenida con firmeza y persistencia en la mente para traer a manifestación por medio de nosotros el ideal supremo que seamos capaces de formar; siempre mucho más alto, porque ¿no dice "como son más altos los cielos que la tierra, así son mis caminos más altos que vuestros caminos, y mis pensamientos más que vuestros pensamientos"? (Is. 55:9). Esta manifestación por medio de nosotros, será el cumplimiento del ideal de Dios, en lugar de nuestro ideal limitado y mortal, cuando aprendemos a dejar que el Espíritu nos guíe y a sostener nuestra mente consciente en el ahora.

Tú quieres manifestar el Cristo perfecto. Afirma con todo tu corazón, alma y fuerza que lo manifiestas ahora; que manifiestas salud, fortaleza y amor, Verdad y poder. Deja ir la noción de ser o hacer nada en el futuro. Dios no conoce el tiempo, sino el eterno ahora. Nunca conocerás ningún otro tiempo, porque no hay otro. No puedes vivir una hora o diez minutos en el futuro. No puedes vivirlo hasta que llegues a él y entonces se vuelve el ahora. Decir y creer que la salvación y liberación han de ser, las mantendrá, para siempre y a través de todas las eternas edades, delante de ti, siempre por alcanzar mas nunca enteramente por realizar.

"En tiempo aceptable te he oído, y en día de salvación te he socorrido" (2 Co. 6:2), dijo Pablo. No dijo nada sobre nuestra salvación del sufrimiento después de la muerte, sino enseñó siempre una salvación en el presente. El trabajo de Dios en nosotros está terminado ahora. Toda la plenitud permanece en el Cristo que vive en nosotros, ahora. Lo que declaramos con persistencia está hecho ahora, se manifiesta ahora, lo veremos cumplido.

Guía de estudio

1. ¿Por qué hablamos de "encontrar" el Cristo en nosotros?
2. Explica cómo Dios vive y trabaja.
3. ¿Cómo eres tú el Hijo del hombre? ¿Cómo eres el Hijo de Dios?
4. ¿Por qué perdemos la conciencia de nuestra identidad espiritual?
5. ¿Cómo es Jesús el Hermano Mayor y el Salvador de la humanidad?
6. Explica cómo tu cuerpo es "el templo del Dios viviente". ¿Qué tiene lugar en el templo?
7. ¿En qué fase de nuestra naturaleza tienen que ser fijadas las verdades antes de que se vuelvan para nosotros principios vivientes?
8. ¿Cuál es la distinción entre "un reflejo de Dios" y una "expresión de Dios"?
9. Explica de manera completa "la voluntad de Dios".
10. ¿Es la salvación nuestra en algún tiempo futuro en un lugar lejano o cuando es aceptable? ¿Cuándo es el hombre "salvado" realmente?

Capítulo 3

Ni yo te condeno

Hasta ahora pocos de nosotros hemos tenido idea del poder destructivo de las palabras o pensamientos condenatorios. Aun entre estudiantes de la Verdad que saben el poder de cada palabra hablada —y porque lo saben, es aun mayor ese poder— hay una tendencia a condenar las iglesias y a todos los cristianos ortodoxos, a criticar y hablar con desdoro de los estudiantes de diferentes escuelas (como si sólo pudiera haber una escuela de Cristo), y hasta discutir entre ellos las fallas de individuos que, de maneras diferentes a la suya, están sinceramente tratando de encontrar el Cristo.

Detengámonos y veamos lo que estamos haciendo. ¿Por qué hemos de condenar las iglesias? ¿No "continuó Jesús enseñando en las sinagogas"? El no se retiró de la iglesia ni habló de ella con desprecio. No, El se quedó en ella tratando de enseñar a la gente en qué estaban cometiendo faltas; tratando de guiarlos a una visión más alta de Dios como su Padre, y estimularlos a vivir vidas más rectas. Si encontraba hipocresía en las iglesias, no se contentaba con decir: "Yo soy más santo que vosotros", sino se quedaba con ellos y les enseñaba una manera más excelente: que lo interior del plato debía limpiarse.

¿Es el siervo superior a su Señor? ¿No ayudaremos nosotros, a quienes el Padre ha llamado a tan maravillosa luz, a los que están sentados en la obscuridad aun en las iglesias, mejor que pronunciar una palabra de condenación en contra de ellos? Un hijo o una hija leal no condena a su padre y su madre porque en sus días y según su generación, y con las limitaciones de entonces, no crecieron a su norma actual. No condenamos la vela o la diligencia porque hemos crecido con el conocimiento de la electricidad o el poder del vapor. Sólo vemos que de lo viejo nació lo nuevo y que lo viejo fue necesario para lo nuevo.

Dios, en Sus eternos propósitos, está llevando a cada ser viviente a un conocimiento más alto de la verdad, a un desarrollo más perfecto de Sí mismo en el alma del hombre. Si algunos son empujados a la luz de la Verdad y la consecuente libertad con más rapidez que otros, ¿se volverán y desgarrarán a aquellos que caminan más despacio, pero con tanta seguridad como ellos, hacia la perfecta luz? No; sino que ellos, alabando a Dios por la maravillosa revelación de Sí Mismo dentro de sus propias almas, levanten en vez de condenar a cualquiera que está esforzándose hacia la luz. Que se vuelvan trabajadores junto con Dios, ejecutores de la ley, no jueces.

Que ninguna persona que haya nacido al conocimiento de Dios nunca se atreva a hablar con descrédito a nadie, o hablar o aun pensar con descrédito de nadie que en apariencia esté a la zaga de ella en crecimiento espiritual, no sea que por hacer eso se encuentre trabajando en contra de Dios, que es infinita sabiduría y amor.

Jesús dijo a Sus discípulos después que habían alcanzado la conciencia de su unidad con el Padre al recibir el Espíritu Santo: "A quienes remitiereis los pecados, les son remitidos; y a quienes se los retuviereis, les son retenidos" (Jn. 20:23). ¡Oh, de qué poderoso significado están cargadas estas palabras en esta nueva luz que Dios nos ha dado! Ve como nuestro hablar, nuestro mismo pensar sobre los pecados de otros, siempre tiende a fijar esas faltas en ellos como realidades.

Los pensamientos fuertes y negativos de condenación enviados a cualquiera por una persona, lo golpearán dándole la sensación física de haber sido alcanzado por un guijarro en la boca del estómago. Si no despierta inmediatamente a echar fuera la sensación —como puede hacerlo fácilmente mirando el rostro del Padre y diciendo una y otra vez hasta que se vuelve realidad para él: "Tú, Dios, me apruebas"— destruirá por el momento su conciencia de vida perfecta y caerá en la creencia en la debilidad y completo desaliento más pronto que por cualquiera otra causa.

Leemos que los ojos de Dios son demasiado puros para contemplar iniquidad. Una persona absolutamente pura no ve libertinaje en otra. Una persona completamente verídica no ve falsedad en otra. El amor perfecto no responde a la envidia, el temor o los celos en otro; "no piensa ningún mal". Jesús dijo: "Porque viene el príncipe de este mundo, y él nada tiene en mí" (Jn. 14:30), así que, a menos que haya algo en nosotros que responda al pecado en los demás, no veremos el pecado en ellos. "Porque por tus palabras serás justificado, y por tus palabras serás condenado" (Mt. 12:37). En el momento en que empezamos a criticar y condenar a otro, probamos que somos culpables de la misma falta.

Toda condenación surge de mirar la personalidad. La personalidad (del latín *persona*, una máscara) es la apariencia externa, no el verdadero ser. Que alguien le diga una palabra condenatoria a otro, es la prueba más segura de que él mismo está viviendo en gran medida en lo externo de su ser, la personalidad; que no se ha levantado todavía más allá del plano de aquellos a quienes dijo el Nazareno: "El que de vosotros esté sin pecado sea el primero en arrojar la piedra contra ella" (Jn. 8:7). Justamente en la proporción en que regresamos a Dios, cuando nos retiramos de lo externo a lo interno de nosotros mismos, manteniendo nuestros pensamientos centrados en El, Quien es perfecto, perderemos de vista la personalidad, las divisiones y diferencias y nos volveremos conscientes de nuestra unidad unos con otros y con Dios, nuestro Padre.

Somos uno siempre y para siempre, ya nos demos cuenta de ello o no. Sabiendo esto, ¿no ves un nuevo significado en las palabras "No juzguéis, para que no seáis juzgados. Porque con el juicio que juzgáis, seréis juzgados" (Mt. 7:1, 2)?

"Porque no envió Dios a Su Hijo al mundo a condenar al mundo, sino para que el mundo sea salvo por él" (Jn. 3:17). Mas cuando Felipe dijo a Jesús: "Señor, muéstranos al Padre" (Jn. 14:8). Jesús contestó: "El que me ha visto a mí, ha visto al Padre" (Jn. 14:9). Entonces, si Dios no condena ¿lo haremos nosotros, nos atreveremos a hacerlo, aun en las cosas mínimas? A cada uno de nosotros nos dice el Maestro: "¿Qué a ti? Sígueme tú" (Jn. 21:22).

No mientras miramos lo imperfecto en nosotros o en nuestro hermano, sino mientras estamos "Nosotros todos mirando ... la gloria del Señor, somos transformados de gloria en gloria en la misma imagen, como por el Espíritu del Señor" (2 Co. 3:18).

Guía de estudio

1. ¿Por qué se considera la palabra "hablada" más poderosa que la "no hablada"?
2. ¿Qué significa la palabra "criticar" como se usa aquí y cómo se relaciona la condenación con ella?
3. ¿Qué es el "recto juicio"?
4. ¿Por qué no se debe condenar a ninguna persona?
5. ¿Cómo trabaja uno en contra de Dios?
6. Explica: "A quienes remitiereis los pecados, les son remitidos; y a quienes se los retuviereis, les son retenidos" (Jn. 20:23).
7. A la luz de las enseñanzas de Jesús, ¿cómo tenemos que tratar la actitud de condenar a otro?
8. ¿Qué causa una actitud mental condenatoria?
9. ¿Cómo podremos librarnos de un hábito mental condenatorio? Explica el significado de "hábito".
10. ¿Cómo somos uno con Dios y uno con los otros?

Capítulo 4

En Su nombre

¿Se te ha ocurrido alguna vez que estás usando casi diariamente el nombre de Dios en vano? A menos que seas muy vigilante, muy cuidadoso, lo estás haciendo.

Cuando Dios llamó a Moisés a guiar los hijos de Israel fuera de Egipto, "dijo Moisés a Dios: He aquí que llego yo a los hijos de Israel, y les digo: El Dios de vuestros padres me ha enviado a vosotros. Si ellos me preguntaren: ¿Cuál es su nombre?, ¿qué les responderé?

Y respondió Dios a Moisés: YO SOY EL QUE SOY. Y dijo: Así dirás a los hijos de Israel: YO SOY me envió a vosotros.

Este es mi nombre para siempre; con él se me recordará por todos los siglos" (Ex. 3:13, 15).

"YO SOY" es el nombre de Dios. Cada vez que dices "Yo estoy enfermo", "Yo soy débil", "Yo estoy desalentado", ¿no estás acaso hablando el nombre de Dios en vano, con falsedad?

YO SOY no puede estar enfermo; YO SOY no puede estar fatigado o débil; porque YO SOY es toda-vida, todo-poder, todo-bien.

"YO SOY", hablado con tendencia hacia abajo,

siempre es falso, es siempre "en vano". Un mandamiento dice: "No tomarás el nombre de Jehová tu Dios en vano; porque no dará por inocente Jehová al que tomare su nombre en vano" (Ex. 20:7). Y Jesús dijo: "Porque por tus palabras serás justificado y por tus palabras serás condenado"(Mt. 12:37).

Si pronuncias el "YO SOY" falsamente, tendrás el resultado de hablar falsamente. Si dices: "Yo estoy enfermo", tendrás enfermedad; si dices, "Yo soy pobre", tendrás pobreza; porque la ley es "Pues todo lo que el hombre sembrare, eso también segará" (Gá. 6:7). YO SOY, hablado hacia arriba, hacia el bien, hacia lo verdadero, sin duda se expresará en visible bien, en éxito, en felicidad.

¿Te parece tonto todo esto? ¿Dudas que tal poder esté asociado al uso de ese nombre? Si es así, en soledad, cierra los ojos y en la profundidad de tu alma di muchas veces el nombre YO SOY. Pronto encontrarás todo tu ser lleno con un sentido de poder que nunca tuviste antes —poder para vencer, realizar y hacer todas las cosas. Yo soy porque Tú eres. Yo soy lo que Tú eres. Yo soy uno contigo, ¡oh Tú Infinito YO SOY! Yo soy bueno. Yo soy santo. Yo soy sano. Yo soy, porque Tú eres.

"Torre fuerte es el de Jehová; A él correrá el justo, y será levantado" (Pr. 18:10). Aquellos que piensan correctamente sobre el poder del YO SOY hablado hacia arriba, simplemente tienen que refugiarse en él como en una fuerte torre o fortaleza y están a salvo.

¿Fuiste alguna vez a una reunión donde la tendencia de todos los "testimonios" dados fue el "YO SOY" hablado hacia arriba —"Me alegro de estar aquí", "Estoy contento de ser cristiano", "Estoy esperando y confiando en Dios", y así sucesivamente? Asiste a una reunión como ésa y antes de darte cuenta, te encontrarás levantado enteramente sobre todas tus perturbaciones y ansiedades. Saldrás de la reunión con un sentimiento de gozo y alivio y la conciencia de que tienes el poder de vencer todas las dificultades y ansiedades del hogar; saldrás cantando confiado, hacia el mismo problema que una hora antes parecía que iba a consumirte.

Queridos amigos: los que se sienten a veces desalentados, los que se irritan continuamente por las pequeñas preocupaciones y ansiedades de la vida, sólo por una semana traten de decir el "YO SOY" siempre hacia arriba, hacia el bien y verán cuál será el resultado. En lugar de decir "Temo que lloverá", digan: "Espero que no llueva"; en lugar de "Lo siento", digan: "Me hubiera alegrado que no fuera así"; en lugar de decir "Soy débil y no puedo lograr" digan: "Yo soy porque Tú eres; puedo lograr, porque yo soy". Te asombrarás del resultado.

El Cristo, hablando a través de Jesús dijo a los judíos que estaban jactándose de ser descendientes de Abraham: "De cierto, de cierto os digo: Antes que Abraham fuese, yo soy" (Jn. 8:58). Y Pablo, escribiendo a Timoteo, dijo: "Apártese de iniquidad todo aquel que invoca el nombre de Cristo" (2 Ti. 2:19). Que todo el que hable el "YO SOY" lo mantenga separado de iniquidad o falsas palabras. Que se pronuncie siempre hacia arriba, nunca hacia abajo. Jesús dijo: "Cuanto pidiereis al Padre en mi nombre, El os lo dará" (Jn. 16:23). Esto es, en el nombre YO SOY. Cada vez que desees —no supliques, sino desees, hablando el YO SOY hacia arriba— El te dará lo que pides. Cada vez que dices: "Yo soy feliz", pides felicidad en Su nombre. Cada vez que dices: "Yo soy infeliz", pides en Su nombre infelicidad. "Hasta aquí" —dijo a los discípulos— "Hasta ahora nada habéis pedido en mi nombre; pedid y recibiréis, para que vuestro gozo sea cumplido" (Jn. 16:24). ¿No es ésta justamente la dificultad? Anteriormente ¿qué habíamos estado pidiendo "en Su nombre"? ¿Habíamos pedido salud o enfermedad; felicidad o infelicidad, riqueza o pobreza, con la manera de decir el nombre YO SOY?

¿Lo hemos usado hacia arriba, hacia el bien, o hacia abajo, hacia lo que no es bueno? Lo que hayamos estado recibiendo será testigo. Jesús dijo que pidan correctamente en Su nombre para que su "gozo sea cumplido". ¿Está tu gozo cumplido? Si no lo está, entonces cuida tu manera de pedir.

Los discípulos sanaron "en el nombre de Jesucristo". En el nombre de Jesucristo es el nombre del YO SOY.

Supongamos que se manda un mensajero de Washington a hacer ciertas cosas en nombre del Presidente de los Estados Unidos. Estas tres breves palabras, "En su nombre", invisten al mensajero con el pleno poder del Presidente, hasta donde llegue la realización del servicio indicado.

"Y todo lo que hacéis, sea de palabra o de hecho, hacedlo todo en nombre del Señor Jesús, dando gracias a Dios Padre por medio de él" (Col. 3:17), dijo Pablo al escribir a los colosenses. Cualquier cosa que hacemos de corazón y sinceramente en el nombre de Cristo o el YO SOY, lleva en sí el poder del YO SOY para realizar —un poder de una fuente superior, como el mensajero presidencial recibe su poder de una fuente superior. Todo el poder se ha dado a Cristo. Hacer todas las cosas "en Su nombre" echa a un lado nuestra personalidad mortal y deja al Cristo hacer la obra. Cuando Moisés, sintiendo insuficiencia personal para tan gran obra, trató de rehuirla diciendo: "¡Ay, Señor!, nunca he sido hombre de fácil palabra ... soy tardo en el habla y torpe de lengua" (Ex. 4:10). "Y Jehová le respondió: ¿Quién dio la boca al hombre? ... ¿No soy yo Jehová? Ahora pues ve, y yo estaré con tu boca, y te enseñaré lo que hayas de hablar" (Ex. 4:11, 12).

En el cuento de Everett Hale, "En Su nombre", un cuento en un ambiente de hace setecientos años, no es relato de hadas lo que inviste las palabras "En Su nombre" con tan mágico poder. Esta corta contraseña, llevó seguros, a través de los lugares más peligrosos, a todos los que salieron en encomiendas de bien. Las puertas cerradas fueron pronto abiertas al sonido de las palabras. Soldado, centinela, oficial de la guardia, todos abrieron paso respetuosa e instantáneamente ante ella. Los hombres estaban dispuestos a dejar sus hogares al momento de ser llamados y hundirse en las mayores penalidades "por amor a Cristo" y "en Su nombre".

Hoy en Su Nombre, yo te digo, criatura preocupada, ansiosa y fatigada: ¡Sé fuerte! ¡Ten esperanza! El mundo —lo mortal— está vencido ya. El Cristo, el YO SOY, hablando en Jesús, ha dicho: "Yo he vencido al mundo".

"Al que venciere esto es, a aquel que reconoce que el mundo ya ha sido vencido por el YO SOY, que no hay nada en todo el universo sino el YO SOY daré a comer del maná escondido y le daré una piedrecita blanca, y en la piedrecita escrito un nombre nuevo, el cual ninguno conoce sino aquel que lo recibe" (Ap. 2:17).

"Al que venciere, yo lo haré columna en el templo de mi Dios, y nunca más saldrá de allí; y escribiré sobre él el nombre de mi Dios" (Ap. 3:12), el nombre YO SOY.

Guía de estudio

1. ¿Cuál es el propósito de un nombre?
2. ¿Qué designa el nombre de Dios?
3. Explica el tercer mandamiento: "No tomarás el nombre de Jehová tu Dios en vano; porque no dará por inocente Jehová al que tomare su nombre en vano" (Ex. 20:7).
4. ¿Cuál es el significado de YO SOY?
5. ¿Por qué no debemos usar frases como "Yo estoy apenado" y "Yo tengo miedo"?
6. ¿Cómo pedimos "en Su nombre"?
7. ¿Qué quiso decir Jesús en Su declaración: "Hasta ahora nada habéis pedido en mi nombre; pedid, y recibiréis, para que vuestro gozo sea cumplido" (Jn. 16:24)?
8. ¿Cómo podemos saber si usamos correctamente Su nombre o no?
9. Explica cómo todo poder ha sido dado al Cristo.
10. ¿Qué es un "vencedor" y qué es lo que ha de vencerse?

Capítulo 5

Suéltalo y déjalo ir

Una de las tendencias naturales de la mente mortal es ganar prosélitos. Tan pronto creemos que algo es verdadero, empezamos a tratar de convertir a otros a nuestra creencia. En nuestro anhelo por lograr esto, olvidamos que la verdad es calidoscópica en sus formas. Aprendemos a decir con cierto grado de conciencia: "Dios trabaja en mí para disponer y hacer según Su buen placer", pero olvidamos enteramente que el mismo Dios está activo también en nuestro hermano "para disponer y hacer".

Entre los sabios proverbios del filósofo antiguo Epicteto, encontramos estas palabras:

> ¿Se baña un hombre aprisa? Entonces no digas que se baña mal sino aprisa. ¿Bebe mucho vino? Entonces no digas que hace mal, sino que bebe mucho. A menos que comprendas perfectamente sus motivos, ¿cómo sabrás si actúa mal? Así no te arriesgarás a aceptar ninguna apariencia, sino aquella que comprendas completamente.

Cada persona tiene derecho inherente a la libertad de elegir; derecho a vivir la vida a su manera. Una de las señales más seguras de que una persona ya no está en servidumbre es su disposición a dar a otros su libertad, dejar a otros el privilegio de buscar y encontrar a Dios como quieran.

Una gran declaración básica es: "Todo es bueno porque todo es Dios". En otras palabras: Dios es la única inteligencia, la única vida en toda forma de vida existente. Decimos que creemos que la suprema manifestación de Dios es el hombre; que Dios permanece siempre en el hombre, en toda la humanidad y está siempre en proceso de manifestar más y más de Sí mismo —pura inteligencia, perfecto amor— por medio de la conciencia del hombre hasta que el hombre llega a estar unido conscientemente con el Padre en todas las cosas.

¿Crees realmente en esta declaración? Si en verdad la crees, ¿qué causa puede haber para la ansiedad que sientes por tus seres amados que no están, como dices, "en la Verdad"?

Si creemos en verdad que "todo es bueno", no debemos inquietarnos acerca de los que en apariencia están en completo error. Puede que lo estén de acuerdo con nuestra limitada concepción de lo correcto y de lo erróneo; pero hermano mío, hermana mía, no eres guarda de tu hermano. Aquél que siempre redime, Aquél que ha redimido ya a tu hermano, vive dentro de él. El Cristo, que vive siempre en el centro de toda alma, "no se adormecerá ni dormirá" (Sal. 121:4). Dios trabaja en los demás, para traerlos a sí mismo, tanto como trabaja en ti y en mí. No tenemos absolutamente nada que temer sobre el éxito final de este Trabajador. Dios nunca falla.

Quizás hayas llegado al florecimiento o estación fructífera en tu crecimiento, de la obscuridad de la creencia en los sentidos a la luz de la comprensión espiritual. Es bello y bendito estar donde estás y es duro para la creencia humana ver a los que amas apenas levantando la cabeza de la tierra de pecado y error, más lejos que nunca de tu concepción del bien.

Pero justamente aquí es el lugar de asirnos en fe y confianza a nuestra declaración básica. "Porque en esperanza fuimos salvos; pero la esperanza que se ve, no es esperanza" (Ro. 8:24), dijo Pablo. La fe no es ver. ¿Está nuestra declaración básica, "todo es bueno", fundada en Principio o en evidencia de los sentidos? Si en Principio, entonces es inmutable, incambiable. Y Dios permanece con tanta seguridad en el centro de tu amado esposo o hijo, activo en él cuando está bebiendo o en sus caídas así como en sus levantamientos.

Dios es tanto la vida de la semilla cuando es sembrada en la tierra obscura, donde para los sentidos humanos está muerta y todo perdido, como está en la vida de la nueva hoja que unos días más tarde surge a la vista. De hecho, es porque Dios está allí en el centro, trabajando en silencio, invisible, y no por el trabajo inquieto, ruidoso y externo que tú y yo hacemos, que la semilla emerge a nueva vida.

"Si el grano de trigo no cae en la tierra y muere, queda solo; pero si muere, lleva mucho fruto" (Jn. 12:24).

Así, parecería que el morir, el fracaso, la desaparición de lo viejo, es un paso necesario en toda salvación verdadera. Cada alma tiene que descender hasta que da con su propio nivel, su propio ser, antes de que pueda haber verdadero crecimiento. Quizás podamos sostener a otro en alto por poco tiempo, pero al fin, debe caminar solo. El tiempo de caminar solo con el Cristo que vive en él, su verdadero ser, dependerá grandemente de nuestro "dejarlo ir". Nadie buscará algo más alto que lo que es hoy, hasta que siente la necesidad de buscarlo. Tus seres amados deben tener la libertad de vivir sus propias vidas y debes dejarlos o si no, eres quien está retardando el día de su salvación.

"Pero" —dice alguien cuyo corazón sufre por los errores de un ser amado— "¿no debe uno ayudar a nadie? ¿No debemos correr tras de él y exhortarlo continuamente a volver al camino recto?"

Sí y no. Yo ayudo a alguien gozosamente cuando quiere ayuda, pero no podría urgir a nadie a dejar su propia luz y caminar en mi luz. Ni como una madre extremosa, tomar a otro y tratar de llevarlo en mis brazos con mis continuos "tratamientos".

Una madre puede —y algunas veces lo hace, mental y moralmente si no en lo físico— con su falsa concepción del amor, llevar a su hijo hasta los veinte años, no sea que él, no sabiendo caminar, se caiga y haga daño en la nariz unas cuantas veces. Pero si ella hace esto hasta que él es un hombre, ¿qué hará él? Se volverá contra ella porque le ha robado su inherente derecho de ser un hombre fuerte y con confianza en sí mismo. Ella se ha interpuesto entre él y el poder dentro de él que esperaba, desde su nacimiento, ser su fortaleza y suficiencia en todas las cosas. Ella debió ponerlo sobre sus propios pies; hacerle saber que había algo en él que podía sostenerlo, alentarlo y afirmarlo; y ayudarlo de ese modo a confiar en sí mismo y ser independiente. Cientos de padres y madres ansiosos, hermanas y esposas dicen: "¡Ah! pero yo lo amo tanto que no puedo quedarme tranquilo y verle precipitarse a un sufrimiento inevitable".

Sí, tú lo amas. Pero yo te digo que se necesita un amor infinitamente mayor, más divino, para sentir tranquilidad y ver a tu niño quemarse un poco la mano y ganar conocimiento por sí mismo, que ser tú un siervo suyo, siempre alerta para impedir la posibilidad de que aprenda por medio de un poco de sufrimiento. ¿Estás a la altura de este mayor amor —el amor que no se sujeta al que vive para interponer su importuna, regañona presencia corporal entre el ser amado y su propio Señor que está "con ellos siempre"? Habiendo llegado al conocimiento de la poderosa verdad de que "Dios es todo y en todos", ¿tienes el valor moral de "aquietarte y saber"; de quitar todas las reglas y restricciones que has puesto a otros y dejar que Dios en ellos, en cada uno, los haga crecer como El quiere; y, confiando en que El lo hará de manera correcta, mantenerte sin ansiedad en el asunto?

Cuando Jesús predicó sobre una gloriosa liberación del sufrimiento, por medio de un "reino dentro de nosotros", con frecuencia intercalaba en su predicación estas palabras: "El que tiene oídos para oír oiga" (Mr. 4:9). En otras palabras, el mensaje del Evangelio de liberación es para todos los que estén preparados para él. Que todo el que haya llegado al punto de quererlo, lo tome.

Nadie tiene derecho a forzar a otro a aceptar su ideal. Toda persona tiene el derecho de mantener su propio ideal hasta que desee cambiarlo.

Dios está guiando a tu amigo por un camino que no sabes ni puedes saber. Es un camino cierto y seguro, el más corto y el único. Es el camino de Cristo en él. "Yo soy la puerta" dice el Cristo dentro del alma de cada hombre. "Si cualquier hombre entra por medio de mí (esto es, por el camino de Cristo en sí mismo) será salvado."

Ahora bien: tú estás tratando de hacer que tu amigo entre por tu puerta. El tiene que entrar por medio de su propio Cristo, su propio deseo, y debes dejarlo bajo la acción de ese Unico que vive en él si deseas que manifieste el bien.

"Pero" —dices— "¿no hay nada que pueda hacer cuando veo a mi amigo cayendo en el error?"

Sí, hay algo que puedes hacer, algo muy efectivo también.

"La espada del Espíritu, que es la Palabra de Dios" (Ef. 6:17). Puedes, cada vez que piensas en tu amigo, hablarle la palabra de liberación. Tú puedes siempre y en todos los aspectos "soltarlo y dejarlo ir", sin olvidar que el dejarlo ir es tan importante como soltarlo. Puedes decirle mentalmente que Cristo vive en él y lo hace libre, libre para siempre; decirle que él manifiesta al Unico Sagrado adondequiera que va y en todo tiempo, porque no hay nada más que manifestar. Y entonces cuidas de no reconocer ninguna otra manifestación que el bien en él.

Está escrito: "A quienes remitiereis los pecados, les son remitidos; y a quienes se los retuviereis, les son retenidos" (Jn. 20:23). ¿Hablarás invariablemente la palabra de remisión o libertad a los tuyos que están en error? ¿O los atarás apretadamente a la servidumbre que está rompiendo tu propio corazón, hablándoles la palabra de retención continuamente?

Si en realidad quieres que tus amigos sean libres, no hay más que un camino para ti: suéltalos y déjalos ir. Porque es la promesa del Padre que: "Todo lo que desatares en la tierra será desatado en los cielos" (Mt. 16:20).

Guía de estudio

1. ¿Qué hecho parece particularmente difícil de recordar por una persona respecto a otra?
2. ¿Cuál es la señal segura de una persona libre?
3. ¿Cómo eres tú "guarda de tu hermano"?
4. ¿Qué significa hacer prosélitos? ¿Por qué no debemos estar ansiosos por el bienestar de otra persona?
5. ¿Qué causa a una persona buscar aquello que es superior a lo que ella es hoy?
6. ¿Cómo impiden los consejeros y maestros que el estudiante alcance la conciencia deseada?
7. ¿A quién debe volverse toda persona por orientación?
8. ¿Qué quiso decir Jesús cuando dijo, "Yo soy el camino" y "Yo soy la puerta"?
9. ¿Debe el que aparentemente va por mal camino ser tratado específicamente por sus "pecados"?
10. ¿Cómo lo sueltas y dejas ir?

Capítulo 6

Toda suficiencia en todas las cosas

Hay en todo ser humano aquello que es capaz de ser manifestado en la vida material y cotidiana de cualquier persona, como la abundancia de todo lo bueno que pueda desear. Acá y allá, el hombre que conscientemente habita en el lugar secreto del Altísimo y está siendo enseñado por el Espíritu de verdad, reconoce esto y dice: "El Espíritu Santo que permanece en nosotros puede hacer todo por nosotros"; mientras ocasionalmente, un metafísico en quien la intuición está grandemente desarrollada, empieza a comprenderlo como Verdad demostrable y, evitando cuidadosamente toda palabra piadosa para no ser considerado en la vieja rutina de la creencia religiosa, dice: "El hombre externo o visible no tiene necesidad alguna que el hombre interno o invisible no pueda satisfacer".

No discutamos sobre los términos. No es necesario el cisma. Cada uno quiere decir lo mismo. La única diferencia está en las palabras. Cada uno está llegando a la misma Verdad a su manera, y al fin los dos se darán la mano en unidad y verán en completo acuerdo.

El Espíritu del Dios en nosotros está alimentado

siempre de la Fuente Suprema, no es sólo el dador de toda buena dádiva, el proveedor de toda provisión, sino la dádiva misma. Tenemos que llegar a este punto. El dador y la dádiva son uno.

Dios mismo es el cumplimiento de —o la substancia que llena a plenitud— todo deseo. En verdad nuestros ojos se mantuvieron alejados hasta ahora en estos últimos tiempos del conocimiento de "Dios en Su mundo"; de El como Causa inmanente creadora de todas las cosas, viviendo siempre en el hombre, pronto y dispuesto en cualquier momento a recrear o renovar nuestro cuerpo y nuestra mente o manifestarse por medio de nosotros como todo lo que necesitemos.

La certeza de esta manifestación depende de la habilidad de reconocer y aceptar la Verdad.

Uno reconoce a Dios dentro de sí como pureza y santidad. Para aquél, El es santificación y, justamente en la medida del reconocimiento y la confianza con que se ve esta divina presencia como santidad inmanente, surge ella a la vida externa y cotidiana del hombre como santidad, de manera que aun aquellos que van de prisa pueden leer algo más que lo humano en él.

Otro reconoce y acepta a Dios dentro de sí mismo como la vida de su cuerpo, e instantáneamente esta vida divina, siempre perfecta, fuerte y vigorosa, y siempre deseando con el poderoso deseo del amor omnipotente manifestarse por medio de alguien o algo como perfección, empieza a fluir por su cuerpo hasta que del centro a la circunferencia su cuerpo entero se carga con una plenitud de vida que sienten aun los que hacen contacto con él. Esta es curación divina y el tiempo requerido para el proceso completo de sanar depende, no de ningún cambio de Dios —pues Dios no conoce más tiempo que el eterno ahora— sino enteramente de la habilidad de la persona para reconocer y confiar en el poder activo en ella.

El que reconoce al Dios que mora en él como su santidad, pero no puede mentalmente alcanzar más Verdad, vive una vida santa y bella, pero quizás la vive toda en años de dolencia y enfermedad corporal. Otro que reconoce el mismo Dios inmanente como su salud y es a la vez santificado y físicamente sanado por ese reconocimiento y aceptación, se detiene ahí y se pregunta: ¿por qué es siempre pobre, careciendo hasta de lo más necesario en la vida si se encuentra sano y vive sin egoísmo alguno según Dios?

¿No puedes ver que este mismo Dios que vive en ti, que es tu santidad y salud es también tu sustento y apoyo? ¿No es El nuestra Toda Suficiencia en todas las cosas? ¿No es el impulso natural del divino Ser fluir a través de nosotros en todas las cosas— "todo lo que pidiereis en oración ..." (Mt. 21:22). ¿Hay algún límite, aparte del que nuestra pobre mente humana ha fijado? ¿No dice El: "Todo lugar que pisare la planta de vuestro pie" (Jos. 1:3) será tuyo? ¿Qué quiere decir esto?

Esta energía divina es la substancia (de *sub,* debajo, y *stare,* estar), lo verdadero que está debajo o dentro de lo visible o irreal de todas las cosas —alimento y vestidos, así como vida y salud.

¿Cómo logramos santidad? No con obras de purificación externa, sino volviéndonos al Espíritu Santo dentro de nosotros y dejándolo fluir en nuestra naturaleza humana hasta que nos saturamos de lo Divino. ¿Cómo se obtiene la salud perfecta con la curación divina o espiritual? ¿Es buscando o confiando en esfuerzos o aplicaciones externas? Seguramente no; sino cesando enteramente de mirar afuera y volviendo nuestros pensamientos y nuestra fe al Padre en nosotros.

¿Cómo, entonces, vamos a tener nuestra provisión abundante —aun más de la que podemos pedir o pensar? (porque Dios no nos da de acuerdo con nuestra necesidad, sino "de acuerdo con sus riquezas" se nos dice).

"Vuelve ahora en amistad con él, y tendrás paz; Y por ello te vendrá bien .... Si te volvieres al Omnipotente serás edificado .... El Todopoderoso será tu defensa, y tendrás plata en abundancia." —Job 22:21, 23, 25

No es suficiente creer que Dios simplemente es nuestro proveedor —el Unico que por Su omnipotente poder influirá en la mente de alguien que posee abundancia para que la comparta con nosotros. Esto es limitación. Dios como nuestra salud significa mucho más que Dios como nuestro sanador. Dios como nuestra provisión es infinitamente más que Dios como nuestro proveedor. Dios es el Dador y la dádiva.

Cuando Eliseo multiplicó el aceite de la viuda, al reconocer sólo a Dios como el proveedor, no pidió para luego recibir como respuesta unos pocos barriles de aceite de alguien muy rico en esa mercancía, alguien en cuyo corazón estaba activo el Espíritu de Dios. Eso hubiera sido una manera buena pero muy limitada, porque si la demanda hubiera continuado, con el tiempo toda la región habría estado desprovista de aceite.

Eliseo comprendía cómo trabaja la ley divina y se puso en armonía con ella; entonces, Dios mismo, la substancia de todas las cosas, se manifestó como la provisión ilimitada —una provisión que fácilmente hubiera fluido hasta hoy si hubiera habido necesidad y vasijas suficientes.

El aumento que hizo Jesús de los panes y los peces no vino de la aldea en respuesta a alguna palabra dicha en silencio por El a una persona que tuviera una cantidad de ellos. Nunca pensó que tenía derecho alguno de buscar las posesiones excedentes de alguien, aunque las fuera a usar en beneficio de otros. Para alimentar a la multitud, no buscó lo que pertenecía a ningún hombre, ni siquiera lo que estaba ya manifestado. La provisión extra era una manifestación nueva y aumentada de substancia divina como pan y pescado. Del mismo modo ocurrió con el aceite de Eliseo, quien era un hombre semejante a nosotros. En ambos casos, nada vino de afuera a suplir la necesidad, sino la provisión procedió de adentro hacia afuera.

Esta divina Substancia —llámala Dios, energía

creativa o como quieras— permanece siempre dentro de nosotros y está hoy pronta a manifestarse en cualquier forma que tú y yo deseemos manifestarla, como lo hizo en tiempos de Eliseo. Es la misma ayer, hoy y para siempre. Nuestro deseo es la copa que moldea la forma en que viene y nuestra confianza —la forma más elevada de fe— fija el tiempo y el grado.

La provisión abundante por medio de la manifestación del Padre en nosotros, de adentro hacia afuera, es un resultado tan legítimo de la vida en Cristo o comprensión espiritual, como lo es la curación del cuerpo.

La Palabra —o el Espíritu— se hace carne (o se viste de materialidad) en ambos casos y los dos están igualmente en el orden de Dios. La ley de "trabajar para ganar" es sólo un maestro de escuela golpeándonos con muchos latigazos, rompiéndonos en muchos pedazos cuando caemos en nuestros fracasos, sólo para llevarnos a Cristo. "Pero ahora que la fe ha venido, no estamos por más tiempo bajo un tutor." Entonces Cristo —lo Divino en nosotros— se vuelve el cumplimiento de la ley.

"Trabajad, no por la comida que perece" (Jn. 6:27) dijo el Nazareno. Cesa de trabajar por un solo objetivo: para ganarte la vida o para provisión. Sé libre para siempre de la ley de la pobreza y carencia como lo eres de la ley del pecado y enfermedad —por la fe en Cristo: esto es, tomando el Cristo que vive en ti o el Espíritu o el hombre invisible, como tu abundante provisión y sin buscar ninguna otra fuente, sigue asido a ella hasta que se manifieste como tal. Reconócela. Tómala en cuenta. Aquiétate y tenla presente. No luches, trabajes o te afanes mientras la tienes presente, sólo aquiétate. En el Salmo 46:6 se nos dice: "Estad quietos, y conoced que yo soy" —¿Qué? ¿Parte de Dios? No. "Conoced que yo soy Dios" —todo Dios, todo bien. Yo soy vida. Yo soy salud. Yo soy amor. Yo soy provisión. Yo soy la substancia de todo lo que el alma o el cuerpo humano puede necesitar o querer.

La ley dice: "Con el sudor de tu rostro comerás el pan" (Gen. 3:19). El Evangelio trae "buenas de gran gozo, que será para todo el pueblo" (Lc. 2:10). La ley dice: "Logra tu salvación del pecado, la enfermedad y la pobreza". El Evangelio enseña que Cristo, el Padre en ti, es tu salvación. Ten fe en El. La ley dice: "Trabaja todo lo que puedas y Dios hará el resto". La ley es una manera; el Evangelio o Cristo es el Camino. "Decidan hoy a quién van a servir" (Josué 24:15, Versión Popular).

"Pero" —dice alguien— "¿no fomentará el egoísmo y la indolencia la enseñanza de que nuestra abundancia no depende del trabajo de nuestras manos o nuestra cabeza? ¿No es una enseñanza peligrosa para las masas?"

Jesús nunca pensó que el Evangelio era peligroso para las masas. No ha resultado ser peligroso enseñar que la salud es un don gratuito de Dios a Sus hijos —un don por el que no necesitan trabajar penosamente, sino sólo reconocer y aceptar.

¿Intenta alguien esconder de otros, como un

talento escondido en lo hondo de la tierra, la salud recién nacida que es Dios manifestado en respuesta a reconocimiento y fe? Si lo hace, pronto encuentra que su salud ha desaparecido, porque el egoísmo y la conciencia de un Dios que vive en nosotros no pueden permanecer en el mismo corazón.

Que nadie suponga por un momento que puede usar medios del Evangelio con fines egoístas. Mejor suponga que puede ir hacia el oeste caminando hacia el este. Mil veces mejor será colgarse al cuello una piedra de molino y ahogarse en las profundidades del mar que intentar usar la libre dádiva de Dios con motivos egoístas. La abundancia divina manifestada por medio de ti se te da para que sirvas a otros. No puedes ni recibirla con indolencia o retenerla con egoísmo. Si intentas esto, el fluir del aceite divino cesará para ti.

En Cristo, en la conciencia del Espíritu divino que vive en nosotros, sabemos que todo hombre y mujer es nuestro padre y madre, hermano y hermana; que nada es nuestro, sino todo es de Dios porque todo es Dios.

Y porque sabemos esto, damos mientras trabajamos sin pensamiento ni esperanza de recompensa, porque Dios fluye por medio de nosotros a otros. Nuestro dar es nuestra única válvula de seguridad. La abundancia es a veces una trampa para aquellos que no conocen a Dios, morador en nosotros, quien es amor. Pero la abundancia que se manifiesta desde adentro hacia afuera es sólo la vestidura material del perfecto amor y no puede traer egoísmo. "La bendición de Jehová es la que enriquece, y no añade tristeza con ella" (Pr. 10:22).

¿Fomentará la pereza Dios, manifestado como abundante provisión? Mil veces, ¡no! Seremos entonces más que nunca trabajadores con Dios, trabajando, no afanándonos, siempre para otros. El trabajo es duro sólo cuando es para nosotros mismos. El afán, no el trabajo, causa fatiga, sufrimiento, enfermedad. No te esfuerces por alimento, esto es, por ningún bien para ti mismo. Trabajar como Dios trabaja no nos fatiga, porque entonces la corriente de vida ilimitada y divina está siempre fluyendo de nuevo en nosotros para bendecir a los demás.

"Un río alegra con sus brazos la ciudad de Dios" (Sal. 46:4, Versión Popular), pero tenemos que mantener la corriente fluyendo de nuestro interior —la fuente de su surgimiento— hacia afuera, si ha de dar contento. Cuando trabajamos en armonía con la ley divina tenemos con nosotros toda la fuerza de la corriente de agua viviente para llevarnos adelante.

Mejor que lo que sabía, habló el poeta cuando dijo:

"La tierra no tiene sufrimiento que el cielo no pueda sanar".

No el lejano cielo después de la muerte, cuando una vida entera se ha pasado en dolor y perturbación, sino el reino de los cielos a la mano, aquí, ahora, hoy. La parte tuya mortal, humana y terrenal no tiene sufrimiento que no pueda ser sanado, vencido, borrado en seguida y para siempre por este divino Espíritu morador.

Si alguna persona quiere acelerar el día de la liberación de todas las formas del sufrimiento y la carencia humanos, que empiece al instante a alejarse de los recursos y luchas externos y centre sus pensamientos en Cristo, el Señor dentro de sí.

"Grande es en medio de ti el Santo de Israel."—Isaías 12:6

"Vuelve ahora en amistad con él, y tendrás paz; y por ello te vendrá bien."—Job 22:21

"Probadme ahora ... si no ... derramaré sobre vosotros bendición hasta que sobreabunde."—Malaquías 3:10

Probemos a Dios ... "Meditad en vuestro corazón estando en vuestra cama, y callad."—Salmo 4:4 Aquiétate y sabe. Aquiétate y confía. Aquiétate y espera.

"Alma mía, en Dios solamente reposa, porque de él es mi esperanza."—Salmo 62:5

Guía de estudio

1. ¿Qué es lo que es capaz de proveer a cada persona con el cumplimiento de sus deseos particulares en abundante medida?
2. ¿Qué queremos decir cuando hablamos de Dios "inmanente" en la persona y el universo?
3. ¿Qué es la substancia divina y cuál es su relación con los objetos manifestados?
4. ¿Qué es el Espíritu Santo y cuál es su relación con el Padre y con el Hijo, o Cristo?
5. Explica cómo Dios es la provisión y el proveedor.
6. ¿Qué gobierna la "forma" de nuestra provisión y qué fija su "tiempo" y "cantidad"?
7. ¿Es peligroso enseñar que la provisión es un "regalo" y que no depende solamente del esfuerzo del intelecto o las manos?
8. ¿Qué gobierna el vertimiento de la substancia divina y qué inhibe su fluir?
9. En su verdadero sentido, ¿qué es el trabajo?
10. ¿De qué fase de nuestro ser traemos nuestro mundo a manifestación?

Capítulo 7

La mano de Dios

Hay sólo una mano en el universo. Es la mano de Dios. Cuando has sentido que tu mano está vacía, es porque te has creído separado de Dios. ¿No has sentido algunas veces el gran deseo de dar a otros algo que necesitaban o querían, mas no has podido darlo? ¿No te has dicho muchas veces: "¡Oh, si sólo tuviera dinero, cómo aliviaría la ansiedad y desdicha! Si sólo estuviera en mi poder, cuán pronto daría una posición lucrativa a éste que necesita trabajo, libertad a aquél que desea liberación de servidumbre material", y así sucesivamente? ¿No has dicho con frecuencia: "Si pudiera, daría gustosamente mi tiempo y servicio a otros sin pensar en recompensa"?

¿De dónde supones tú que viene este deseo de dar? ¿Es de lo mortal en ti? No, es la voz del Dador de todo buen regalo clamando a través de ti. Es el deseo de Dios de dar por medio de ti. ¿No puede Dios acaso dar cuando y dondequiera que lo desea y no empobrecer, sino enriquecer por ello? Tu mano es la mano de Dios. Mi mano es la mano de Dios. Nuestro Padre extiende la Suya por medio de éstas, Sus únicas manos, para dar Sus dones. Nosotros no tenemos que ver con Su provisión. Nuestra parte es pasar la buena dádiva libremente, sin cesar. Esto lo podemos hacer consagrando completamente (hasta donde llegue nuestra conciencia) nuestras manos, nuestro ser entero, al servicio de Dios, el Todo-Bien. Cuando hemos dado algo a otros, no lo consideramos ya nuestro, sino lo reconocemos como perteneciente a ellos. Así, esta consciente consagración de nuestras manos a Dios, nos ayuda a reconocerlas como las manos de Dios —en que está (no "estará") la plenitud de todas las cosas.

Cuando a cierta mujer se dio por primera vez el completo reconocimiento de que sólo existe una mano, fue tan real, que durante horas, cada vez que miraba su mano derecha, le parecía que no podía cerrarla, tan desbordante de todas las cosas buenas parecía. Se dijo a sí misma: "Entonces, si esto es verdad, tengo en mi mano salud para dar al enfermo, alegría para dar al que sufre, liberación para los que están en servidumbre, dinero para dar a los que lo necesitan; sólo se requiere que mantenga mi mano abierta para que fluyan hacia afuera todos los buenos dones". A todos los que vinieron necesitados de algo a ella aquel día, les dijo mentalmente: "Aquí está exactamente lo que deseas; tómalo y regocíjate. Todos mis dones están en mi mano para darlos; es la mano de Dios".

Y los resultados del trabajo de aquel día la sorprendieron, con tan maravillosa velocidad vinieron las manifestaciones externas de los deseos de su corazón a cada uno de aquellos por quienes ella habló la palabra. Un anciano, quien durante cinco años había estado en externa servidumbre y destierro en tierra extraña, mantenido allí por las maquinaciones de otro, y en cuyo caso ninguna ley externa había valido para liberar, fue puesto en libertad perfecta con la más completa vindicación del carácter y las consiguientes felicitaciones públicas y regocijos, por la palabra de libertad hablada para él por esta mujer aquel día. Reconociendo su mano como la mano de Dios, dijo solamente: "Entonces en esta mano están los papeles de liberación de ese hombre". Y mentalmente extendiendo a él la mano dijo: "Aquí está tu libertad. Es el don de Dios; despierta y tómalo; levántate y sigue adelante; eres libre". Entonces encomendó todo el asunto a El, quien invariablemente establece la palabra hablada en fe y El hizo que sucediera la manifestación física de la libertad.

"Abres tu mano, y colmas de bendición a todo ser viviente" (Sal. 145:16). ¿Te gustaría poder hacer esto? Entonces, mantén abierta tu mano. Rehusa que el miedo a la pobreza; el miedo a la carencia, el miedo a no ser apreciado o tratado con justicia te lo impidan. Sigue dando ayuda a todos los que necesiten algo. "Sólo expresa el deseo" de dar. Es la palabra de Dios hablada por tus labios y, ¿no ha dicho El: "Mi palabra ... no volverá a mí vacía, sino que realizará lo que yo quiero" (Is. 55:11)?

No podemos abstenernos de dar nuestro tiempo, nuestro intelecto, nuestro amor, nuestro dinero a quien necesita porque la ley es que el retener empobrece. "Hay quienes reparten, y les es añadido más; y hay quienes retienen más de lo que es justo, pero vienen a pobreza" (Pr. 11:24), dijo Salomón.

La provisión es inagotable. Su fluir es limitado sólo por la demanda. Nada puede obstaculizar que la mano reconocida conscientemente como la mano de Dios sea llenada de nuevo, excepto, como en el caso cuando el aceite de la viuda fue multiplicado por mediación de Eliseo que no haya "más vasijas" (2 R. 4:6). No dejes que algunas veces la apariencia de vacío de tu mano haga vacilar tu fe por un momento. Está tan llena cuando la ves como cuando no la ves. Sigue reconociéndola como la mano derecha de Dios en que están todos los buenos dones ahora; así probarás a Aquel que dijo: "Probadme ahora en esto, dice Jehová de los ejércitos, si no os abriré las ventanas de los cielos, y derramaré sobre vosotros bendición hasta que sobreabunde" (Mal. 3:10).

Dios seguramente nos está llamando "a subir más alto". A todos los que están buscando con avidez la Verdad por la Verdad misma y no por los panes y los peces, ni para poder "dar una señal" a aquellos que buscan señales, El les está diciendo con fuerza: "No os afanéis, pues, diciendo: ¿Qué comeremos, o qué beberemos o qué vestiremos? ... vuestro Padre celestial sabe que tenéis necesidad de todas estas cosas. Mas buscad primeramente el reino de Dios y su justicia y todas estas cosas os serán añadidas" (Mt. 6:31, 33).

"De gracia recibisteis, dad de gracia" (Mt. 10:8). "Amad, pues, a vuestros enemigos, y haced bien, y prestad, no esperando de ello nada; y será grande vuestro galardón, y seréis hijos del Altísimo" (Lc. 6:35). Dios está dando siempre, dando, dando sin pensar en recompensa. El amor siempre piensa en dar, nunca en recibir. El dar de Dios es el fluir espontáneo del amor perfecto. Mientras más nos elevamos en el reconocimiento y consecuente manifestación de lo Divino, con más seguridad pensamos siempre en dar, no en recibir.

Sabemos ahora que podemos hacer que el dinero, casas, tierras y todas las cosas materiales vengan a nosotros al sostenerlos en nuestro pensamiento como nuestros, pero eso no es lo supremo que Dios guarda para nosotros. "Cosas que el ojo no vio, ni oído oyó, ni han subido en corazón de hombre, son las que Dios ha preparado para los que le aman" (1 Co. 2:9). ¿Aman qué? ¿Su persona? No, sino "que aman" a El —que aman el bien más que a sí mismos. Jesús dijo: "Y cualquiera que haya dejado casas ... por mi nombre, recibirá cien veces más" (Mt. 19:29). Los que se han abandonado a sí mismos, los que se han atrevido a dejar las manos siempre abiertas para sus hermanos, haciendo bien y prestando, no esperando nada en recompensa, para ellos es la promesa de "cien veces más" aun en esta vida.

Dios nos ha llamado para ser Sus administradores. Nos ha elegido como vasos para llevar el bien a otros y es sólo cuando llevamos el bien a otros que nosotros mismos podemos ser llenados. La ley es: "Dad, y se os dará; medida buena, apretada, remecida y rebosando darán en vuestro regazo" (Lc. 6:38).

Da sin pensar en ganancia.

"Pero" —dice uno— "¿he de dar mi tiempo, mi dinero, mis mejores pensamientos a otros, y no requerir de ellos nada en cambio? No es justo". Da como da Dios: El no reconoce mío y tuyo. El dice: "Todas las cosas que son mías, son tuyas".

Busca sólo a Dios para tu provisión. Si algo vuelve a ti por mediación de aquél a quien has dado, da gracias por ello. Si nada visible vuelve a ti, da gracias de igual modo, sabiendo que nadie puede interponerse entre la inextinguible provisión y tú; que es el que retiene quien es empobrecido por ello, no aquél de quien se retiene algo.

> Vuelve ahora en amistad con él, y tendrás paz; y por ello te vendrá bien. Toma ahora la ley de su boca, y pon sus palabras en tu corazón. Si te volvieres al Omnipotente, serás edificado; alejarás de tu tienda la aflicción; tendrás más oro que tierra, y como piedras de arroyos oro de Ofir; El Todopoderoso será tu defensa, y tendrás plata en abundancia. Porque entonces te deleitarás en el Omnipotente, y alzarás a Dios tu rostro.
>
> —Job 22:21-26

Cuando hayamos aprendido que Dios es nuestra provisión y que de El viene toda nuestra ayuda, no nos preocuparemos por más tiempo de que se nos "pague" por nuestros servicios o no. Sabremos simplemente que todas las cosas son nuestras ahora y de la plenitud del amor daremos con liberalidad. La mano de Dios es segura. Tu mano es la mano de Dios ahora, hoy. Está llena ahora. Da de ella mentalmente a todos los que soliciten de ti, lo que necesiten.

Guía de estudio

1. ¿Qué representa o simboliza la mano?
2. ¿Por qué siente una persona muchas veces que "tiene las manos vacías"?
3. ¿Por qué decimos que las manos de una persona representan la "mano de Dios"?
4. ¿Cuándo sirven las manos de la persona como "la mano de Dios"?
5. ¿Cómo sirvió la señora citada en el texto para traer la libertad a un hombre?
6. ¿Dónde tiene lugar primero el dar?
7. Explica la frase "sólo di" y relaciónala con el dar.
8. ¿Cuál es la relación entre la "palabra" y la "mano"?
9. ¿De qué es "dar" el fluir natural?
10. ¿Qué bendiciones llegan al que sirve como "la mano de Dios"?

Capítulo 8

Si supieras

Parecerá infantil y pueril, casi un insulto a la inteligencia de nuestros lectores, asegurar que la luz del sol, entrando en un cuarto obscuro, aniquilará la obscuridad. Un niño sabe esto, aunque no comprenda el *modus operandi* de ese hecho. La luz del sol no tiene que esforzarse para hacer esto; no tiene que combatir la obscuridad o luchar y forcejear para vencerla; en verdad, ella no cambia su curso o acción natural en lo más mínimo. Simplemente sigue irradiando con calma como de costumbre. Y sin embargo, la obscuridad es aniquilada en el instante en que la toca la luz. ¿Por qué? Porque la obscuridad no es una entidad real en sí misma. Es simplemente la ausencia de algo positivo, real. Cuando se hace un camino para que algo se precipite y llene a plenitud el espacio vacío, la nada desaparece, la obscuridad es aniquilada, destruida, sanada; todo lo que queda es el algo, la luz.

¿Adónde se fue la obscuridad? No se fue a ninguna parte porque no era; no existía. Era sólo la falta de algo, y cuando la falta se llenó, no hubo por más tiempo ninguna carencia. Así es con toda negación, con todo lo que no es bueno; lo que no es luz, amor, salud, perfección. Ellas son cada una la ausencia de lo real y son eliminadas y sanadas, dejando entrar un algo, una substancia real que llena por completo el vacío.

Recordando que las cosas que se ven son las temporales y las irreales, que pasan, mientras que las cosas que no se ven son eternas, lo real, llevemos este pensamiento de "lo que no es" un poco más lejos. La infelicidad no es real porque no es eterna, pertenece a la categoría de las cosas que pasan. La envidia, el egoísmo, los celos, el miedo, no son entidades reales en nuestra vida. Cada una es carencia de amor, su opuesto positivo. Carencia de bienes temporales, de salud, de sabiduría —estas cosas no pertenecen al reino de lo real porque son todas cosas temporales— que, como dijo el filósofo Epicteto, "pasan". Nada es real excepto lo eterno, lo basado en la substancia real —Dios— aquello que nunca puede cambiar o disminuir por ninguna circunstancia externa.

¿No hace esto un poco más claras y más aceptables, y un poco menos antagónicas a la mente de la persona, las declaraciones que repetimos con frecuencia: "No hay mal; la enfermedad no es real; el pecado no es real" y así sucesivamente? Repito: nada es real que no sea eterno y todas las condiciones de aparente mal, de enfermedad, pobreza, miedo, no son cosas ni entidades en sí mismas, sino simplemente una ausencia del bien opuesto, del mismo modo que la obscuridad es ausencia de luz. En la más profunda realidad nunca hay ausencia del bien en ninguna parte, porque eso significaría ausencia de Dios. Dios como vida, sabiduría, amor, substancia, llena cada lugar y espacio del universo, si no, Dios no es omnipresente. ¿Quién se atreverá a decir que no lo es? Finalmente nuestra mejor curación de malas condiciones y sufrimientos humanos se logra cuando reconocemos y afirmamos esa gran Verdad, la omnipresencia de Dios, rehusando en absoluto reconocer nada más. La única "ausencia" que existe está en la conciencia del hombre o sentidos inferiores. Pero para poder llevar este asunto a la comprensión humana fragmentariamente, para partir el pan de manera que cada uno tenga la porción que puede tomar en su presente estado de crecimiento, detengámonos en algunos pequeños detalles.

Tu amigo está, según toda apariencia, muy mal. Dios es vida —toda la vida que hay en el universo. ¿Es la dolencia de tu amigo una entidad, una cosa "real" (esto es, una cosa eterna)? No, es más bien como el cuarto obscurecido, que necesita sólo luz para sanar, una ausencia de perfecta vida en el cuerpo. La entrada de nueva vida —esta perfecta vida— ¿no sanaría, renovaría y vivificaría todos los átomos enfermos? Desde luego. Bien ¿cómo vamos a dejar entrar esta plenitud de vida? Lo veremos más tarde.

Tomo otro ejemplo, porque la enfermedad corporal es uno de los sufrimientos mínimos de la ciega humanidad con el cual tenemos que tratar. El hijo muy amado de una madre va por mal camino. Bebe con exceso; roba; destroza el corazón de su madre con su desamor y disipación. Ella llora, reconviene, ruega, amonesta y finalmente regaña. ¿Qué es todo esto que está matando a la madre? Es nada, absolutamente nada. No es real porque no es eterno. Es la ausencia de amor, eso es todo. Una perfecta corriente de amor, penetrando y saturando el ser de ese joven, sanaría todas sus enfermedades, tanto morales como físicas, porque él está sencillamente manifestando un gran egoísmo que es ausencia de amor —el cuarto obscurecido otra vez. ¿Cómo vamos a obtener el remedio —plenitud de amor— dejarlo entrar y aplicarlo a la raíz de la enfermedad? Veremos.

La pobreza es parte de la nada, lo inexistente. No es real, porque sólo las cosas eternas son reales y la pobreza es temporal. Es ausencia de substancia y sólo se sana permanentemente con un fluir de substancia para llenar el espacio vacío. El pecado no es real, porque no es eterno. Es no poder dar en el blanco. Es un esfuerzo ciego e ignorante de lo humano por algo que no se posee, mientras el pecador desea y espera, de ese modo, alcanzar la felicidad. Este vacío inútil, esta búsqueda atroz en lo externo que resultó en fracaso, sólo se satisface y sana por la inundación de bien que llena la carencia como la luz del sol llena la obscuridad.

En el vencimiento de las condiciones indeseables en nuestra vida hay dos maneras definitivas de llegar en nuestra conciencia al conocimiento de la omnipresencia de Dios —la Verdad grande y abarcadora que sana toda clase de enfermedades y nos hace libres. Primero, negamos persistentemente la realidad del mal aparente; segundo, estamos receptivos a la substancia de todo bien.

Todo lo indeseable pasa si rehusamos reconocerlo como una realidad en palabra, acto o pensamiento. Esto lo podemos hacer con más facilidad cuando recordamos que nada es real sino lo eterno. Pablo dijo: "... ni deis lugar al diablo (el mal)" (Ef. 4:27). No existe. No tiene más existencia que la obscuridad que con frecuencia nos causa, como niños que somos, espasmos de temor y sufrimiento. No tiene más realidad (recordando lo que es real) que las ficciones de los sueños. Cuando despertamos de un sueño particularmente desagradable, se requieren algunos momentos de definida afirmación a nosotros mismos de que fue sólo un sueño, no algo real, antes de que el corazón se normalice y la respiración natural se restablezca. Aun con los ojos bien abiertos, el sueño parece extrañamente real, pero todos sabemos que fue enteramente un engaño de los sentidos, nada más; no substancia, no realidad. Así, las perturbaciones físicas y materiales no son lo real y desaparecerán si rehusamos darles vida o realidad con nuestra palabra o pensamiento. Regocijémonos en acción de gracias porque esta es una de las maneras de Dios: sencillamente los males no existen. Este es nuestro primer paso.

Ahora, el segundo. Si el hombre tuviera alguna concepción verdadera del don de Dios para él, nada en el mundo creado podría resistir su poder. Hablamos del "don" de un hombre sin comprender con cuánta verdad estamos hablando. Decimos que está dotado en esta dirección o la otra como si estuviera por naturaleza en posesión de una habilidad notable heredada de sus padres o creada por un ambiente peculiar. Aunque muchos de nosotros estamos dispuestos a reconocer de manera general que: "Toda buena dádiva y todo don perfecto desciende de lo alto, del Padre de las luces" (Stg. 1:17), todavía nosotros no estamos preparados para recibir la maravillosa verdad de la dotación del hombre de esta Fuente. Cuando viene una vislumbre de ella, nos deja casi sin respiración de maravilla y asombro.

"Si conocieras el don de Dios" (Jn. 4:10). ¿Cuál es este don inestimable? ¿Cuál sino que El nos ha dado el verdadero Hijo de Dios para estar para siempre dentro de nosotros? Esta es la manera maravillosa de la creación y también de la redención de toda carencia y sufrimientos humanos: Cristo en ti. "Ya que en él (en este Cristo, este hijo de Dios) habita ... toda la plenitud de la deidad, y vosotros estáis completos en él" (Col. 2:9,10) —plenitud de vida, amor, sabiduría, substancia, sí, la substancia misma de todo lo que este ser humano puede necesitar o desear. Sabemos con certeza que: "Cristo, en quien están escondidos todos los tesoros de la sabiduría y del conocimiento" (Col. 2:2,3) ... "De su plenitud tomamos todos" (Jn. 1:16).

Haber creado al hombre, pareció sabio a la Infinita Sabiduría, y el objeto único en esta vida debe ser en nosotros así como lo es para la mente de Dios, manifestar este Hijo de Dios. "Pero a cada uno de nosotros se nos dio la gracia (poder, amor, vida, sabiduría, substancia) conforme a la medida del don de Cristo" (Ef. 4:7). No es que Dios dé con parcialidad. No te equivoques en esto. El Creador del universo no distingue entre personas. No hay favoritos en Su creación. Toda la "plenitud de la Divinidad" está incorporada en Su Hijo, el Cristo que vive en nosotros. Pero este poder, vida, sabiduría, este "todo" que constituye "la plenitud de la Divinidad", se manifiesta solamente en la medida en que reconocemos este Cristo como la Fuente del bien que deseamos; lo buscamos en El, lo reconocemos como Todo y afirmamos persistentemente ante toda oposición, que el Hijo de Dios se hace visible ahora a través de nosotros.

Cada uno de nosotros es pequeño o grande, dotado o no "conforme a la medida del don de Cristo" (Ef. 4:7) que hayamos recibido conscientemente. Debe haber una entrada de este divino Hijo de Dios en nuestra mente consciente. Lo que nos llegue dependerá de nuestra lealtad en reconocer la Fuente y afirmar su manifestación. No podemos obtenerle ociosamente. Tenemos que hablar las palabras de Verdad antes de que la Verdad se manifieste. Juan dijo: "Para esto apareció el Hijo de Dios, para deshacer las obras del diablo (el mal)" (Jn. 3:8). Del mismo modo, así como la luz se manifiesta para destruir la obscuridad llenándola a plenitud. Tomemos y usemos definitivamente, día tras día, la declaración de Verdad: *El Hijo de Dios en mí se manifesta ahora, se hace visible en mi cuerpo y en todos mis asuntos. Viene, no a destruir, sino a llenar plenamente.*

Guía de estudio

1. Define la palabra negación y explica cómo se usa en esta lección.
2. ¿Dónde existe la creencia en la "ausencia del bien"?
3. Explica el significado de las palabras "temporal" y "eterno".
4. ¿Cómo ayudarías a un ser amado que no sigue el camino que debe y quien expresa falta de bondad?
5. ¿Cómo "sanarías" tú el sufrimiento de la pobreza?
6. Explica cómo la condición de mal es un "engaño de los sentidos".
7. ¿Qué es un don y cuál es el máximo "don" del hombre?
8. ¿Qué es la gracia y cómo se manifiesta la gracia de Dios?
9. ¿Qué queremos decir con la "Divinidad"?
10. Explica el significado de la Escritura "El Hijo de Dios fue manifestado para que pudiera destruir las obras del diablo".

Capítulo 9

Confiando y descansando

~

Hay una pasividad perfecta que no es indolencia. Es una viviente quietud que nace de confiar. La tensión quieta no es confianza. Es simplemente ansiedad comprimida.

¿Quién entre aquellos que han aprendido la ley del bien y han tratado de traerla a manifestación, no ha sentido a veces su ser físico próximo a estallar con su manera intensa de "sostener la Verdad"? Tú crees en la vida omnipresente. Intentas conocerla para otros. Alguien viene a ti por ayuda, alguien quien siempre tiene prisa por ver resultados, siempre deseando saber cuánto tiempo más será requerido y así sucesivamente. Su impaciencia e incredulidad unidas a tu gran deseo de demostrarle la ley, te estimulan, después de unos pocos tratamientos, a mayores esfuerzos; y casi inmediatamente te encuentras pensando en él con frecuencia cuando no lo estás tratando, y poniendo más fuerza en el tratamiento cuando está presente. Entonces, después del tratamiento, sientes una pesadez en la cabeza que es muy incómoda; y muy pronto, lo que al principio fue un deleite se vuelve una carga y casi deseas que el paciente se vaya a otro consejero. No puedes menos que preguntarte por qué mejoró tan perceptiblemente con los primeros tratamientos y después, aun con el aumento de tu entusiasmo, pareció permanecer igual o ponerse peor. Deja que te diga por qué. Cuando empezaste el tratamiento, seguro de la abundancia de la vida divina, hablaste la Verdad con calma y confianza al paciente. Cuando él demostró prisa, tú, empezando a sentir una responsabilidad que era de Dios, no tuya, te pusiste ansioso y empezaste a echar sobre él tu ansiedad comprimida. No eras ya un canal para la vida divina, dulce, tranquila, armoniosa, sino que con tu intensidad y prisa, cerraste completamente el paso al divino fluir y sólo podías forzar sobre él, de tu ansiosa mente mortal, unos cuantos pensamientos penosos y compulsivos que lo sostenían como en una prensa tornillo y te agotaban a ti.

Algunas curaciones y demostraciones de poder se traen a manifestación de esta manera, pero es siempre el pensamiento mortal más fuerte controlando al más débil y es agotador para el que trabaja de ese modo. Este plano es enteramente de sugestión mental, una forma leve de hipnotismo.

En cuanto se refiere a Dios como nuestra provisión o cualquier otro aspecto de la ley divina que nosotros, de cuando en cuando, intentamos traer a manifestación, tan pronto empezamos a estar ansiosos, nuestra quietud se vuelve simplemente una válvula hermética de tensión, o ansiedad contenida, que deja afuera la cuestión misma que tratamos de hacer surgir, y así impide la manifestación.

Esta manera de sostener con intensidad un pensamiento, ya sea argumento mental para curación o busca de Dios para provisión material, reconociendo que nosotros mismos tenemos poder por esa firmeza de pensamiento para traer a manifestación lo que queremos, es una manera de obtener resultados, pero es una manera dura. Así damos de lo que hay dentro de nosotros y es una ayuda hasta cierto punto, pero por alguna ley mental, esta intensidad de pensamiento parece separar nuestra conciencia de su Divino Origen, impidiendo así el fluir y la renovación que vienen de El. De ahí el pronto agotamiento y la sensación de pesadez.

Tenemos que levantarnos de este estado de tensión a uno de viviente confianza. Hay una entrega indolente de nuestra responsabilidad a un Dios externo, que significa pereza, y que nunca trae nada a manifestación. Pero hay también un estado de confiada pasividad en que debemos entrar para hacer el trabajo más elevado.

Hay algunas cosas que hemos de hacer nosotros mismos, pero hay otras que Dios no espera que hagamos. (Cuando hablo de nosotros como algo apartado de Dios, me refiero simplemente a nuestro yo consciente. Somos siempre uno con Dios, pero no siempre estamos conscientes de ello. Hablo de nosotros como nuestra parte consciente.) Ellas son Su parte, y nuestra mayor dificultad está en tratar de hacer la parte de Dios, sólo porque no hemos aprendido a confiar en El para hacerla. Debemos, usando nuestro pensamiento consciente, hablar las palabras de vida, de Verdad, de provisión abundante, y actuar como si las palabras fueran verdaderas. Pero, "el hacer que suceda" es la obra de un poder más alto que nosotros; una Presencia que no vemos con estos ojos mortales, pero que es omnipotente y siempre se precipitará a nuestro rescate cuando confiamos en ella.

Del asunto más pequeño en nuestra vida diaria al rodar lejos la mayor piedra de dificultad de nuestro camino, esta Presencia vendrá a liberarnos. Pero su acción depende de nuestra confianza, y confiar significa aquietarnos en lo interno.

En nuestro esfuerzo de traer a manifestación el bien que sabemos pertenece a todo hijo de Dios, es cuando llegamos más allá del punto en que tratamos de hacerlo todo nosotros y dejamos a Dios hacer su parte, que logramos los deseos de nuestro corazón.

Después que hemos hecho nuestra parte fielmente, fervientemente se nos dice "Estad firmes, y ved la salvación que Jehová hará hoy con vosotros ... Jehová peleará por vosotros, y vosotros estaréis tranquilos" (Ex. 14:13, 14). Mira las condiciones impuestas aquí. Esta Presencia invisible removerá de tu camino las grandes dificultades, que para tu visión mortal son casi insuperables, sólo con la condición de que te mantengas quieto. El Señor peleará por ti si te mantienes en paz. Pero en ninguna parte hay promesa de liberación para ti mientras conserves un estado de agitación dentro de ti. Cualquiera de los dos —este estado de interna inquietud o una externa quietud forzada que sólo significa ansiedad comprimida— impide completamente a esta invisible fuerza omnipotente hacer algo por tu liberación. Debe haber paz, paz; mantén tu alma en paz y deja a Dios hacer.

Maravillosas han sido las manifestaciones de este poder en la vida de quien escribe estas páginas, cuando el "hacer que suceda" se dejó enteramente a El. No preguntes entonces cuándo, cómo y por qué. Esto implica duda. Sólo "Guarda silencio ante Jehová, y espera en El" (Sal. 37:7).

Cuando en el reino de Josafat, rey de Judá, los amonitas, moabitas y otros —una gran multitud— vinieron contra el rey en batalla, él, lleno de temor, juntó a la gente y ellos buscaron el consejo del Señor, diciendo: "En nosotros no hay fuerza contra tan grande multitud que viene contra nosotros; no sabemos qué hacer, y a ti volvemos nuestros ojos" (2 Cr. 20:12). Entonces el Espíritu del Señor vino a Jahaziel y dijo: "Oíd Judá todo ... Jehová os dice así: No temáis ni os amedrentéis delante de esta multitud tan grande, porque no es vuestra la guerra sino de Dios ... No habrá para qué peleéis vosotros en este caso; paraos, estad quietos, y ved la salvación de Jehová con vosotros ... salid mañana contra ellos, porque Jehová estará con vosotros" (2 Cr. 20:15, 17).

Amigo mío, esta batalla que tratas de pelear no es tuya, sino de Dios. Tú estás tratando de sanar; estás tratando de asirte vigorosamente a la ley de bien en ese mismo disturbio en el hogar que el mundo desconoce, pero que a veces casi te abruma. Aquiétate. Deja ir. La batalla es de Dios, no tuya y, porque es la batalla de Dios por medio de ti, Dios deseando manifestarse en ti, la victoria es tuya antes de que empiece la batalla (en tu conciencia, porque ese es el único lugar donde hay cualquier batalla). ¿No puedes en calma —aun con regocijo— reclamar la victoria ahora mismo, porque es la batalla de Dios? Ya no necesitas pelear esta batalla, sino quédate quieto exactamente donde estás hoy, en la lucha por vencer cosas materiales, y mira la victoria del Señor a favor tuyo.

¿Dice algún Tomás que duda: "Sí, pero yo debo tener dinero hoy", o "Debo tener alivio al instante o esta salvación llegará tarde para ser útil; y además, no veo cómo"? Detente ahí mismo, querido amigo. No tienes que ver cómo. Esa no es tu parte. Tu parte es aquietarte y proclamar: "Está hecho".

Dios dijo a Josafat: "Mañana descenderéis contra ellos"; esto es, habrían de hacer con calma y en orden las cosas externas que en aquel momento había que hacer, pero al mismo tiempo mantenerse quietos o en un estado mental de pasividad confiada y ver el poder salvador de Dios. Josafat no dijo: "Pero Señor, yo no veo cómo"; o, "Señor, tengo que recibir ayuda ahora mismo o será muy tarde porque ya el enemigo está en camino". Leemos: "... se levantaron por la mañana ... y mientras ellos salían, Josafat, estando en pie dijo: Oídme, Judá ... creed en Jehová vuestro Dios, y estaréis seguros" (2 Cr. 20:20). Y entonces nombró cantores que irían delante del ejército cantando: "Glorificad a Jehová, porque su misericordia es para siempre" (2 Cr. 20:21).

Todo esto, ¡y todavía ni un signo visible de la prometida salvación del Señor! Hasta el mismo frente de batalla contra un ejército poderoso en número, cantando: "Dad gracias al Señor".

¿Estás tú más cerca que esto del borde del precipicio en esa condición material que tratas de vencer? ¿Qué hizo Josafat? ¿Empezó a pensar u orar con vehemencia y fuerza? ¿Empezó a mandar intensos pensamientos de derrota al ejército enemigo y a agotarse en sus esfuerzos de sostener esos pensamientos hasta ser liberado? ¿Empezó a dudar en su corazón? De ningún modo. Recordó simplemente que la batalla era de Dios y que él no tenía nada que ver con la pelea, y que su parte era confiar. Más adelante leemos: "Y cuando comenzaron a entonar cantos de alabanza, Jehová puso contra los hijos de Amón, de Moab y del Monte Seir, las emboscadas de ellos mismos" (2 Cr. 20:22).

Fue sólo cuando empezaron a cantar y a alabar, que el Señor hizo su primer movimiento visible hacia la manifestación de Su prometida salvación. Así puede ser contigo. Puedes estar en la misma orilla del aparente fracaso y el derrumbe de tu amado principio. Tus "amigos" han empezado a hablar de ti con menosprecio por tu tonta confianza (las cosas de Dios son siempre tonterías para los hombres) diciendo: "Debes hacer algo en este asunto". No temas. Sólo trata de comprender que la batalla es de Dios por medio de ti; que, porque es Su batalla, ha sido victoria desde que empezó y nunca podrá ser otra cosa. Empieza a cantar y a alabar por Su liberación; y tan seguro como hagas esto, no pensando en el cuándo y el cómo, la salvación del Señor se hará visible y sucederá la liberación tan real como fue en el caso de Josafat, hasta juntar el botín inesperado de guerra. Porque la narración sobre el rey de Judá añade:

> "Y luego que vino Judá a la torre del desierto, miraron hacia la multitud, y he aquí yacían ellos en tierra muertos, pues ninguno había escapado. Viniendo entonces Josafat y su pueblo a despojarlos, hallaron entre los cadáveres muchas riquezas, así vestidos como alhajas preciosas, que tomaron para sí, tantos, que no los podían llevar; tres días estuvieron recogiendo el botín, porque era mucho."
>
> —2 de Crónicas 20:24, 25

Así, Dios libera cuando confiamos en El —completamente, perfectamente, aun más allá de lo que hayamos pedido o pensado, añadiendo bien que nunca soñamos, como para dar doble seguridad de Su favor y amor a cualquiera que confíe en El. Esta es la salvación de Jehová cuando nos "aquietamos".

Tenemos que aprender que el tiempo que toma la ayuda en llegar a nosotros, no es nuestra parte, sino la de Dios. Si sabemos que en todos los relatos de las Escrituras sobre aquellos que lograron la liberación especial de sus dificultades hecha por Dios, desde que Abraham salió a sacrificar a su hijo, hasta cuando

Jesús extendió Su mano para salvar a Pedro que se hundía por falta de fe y aun después de esto, en la experiencia de los apóstoles —este poder invisible llegó a la mano siempre justo en el tiempo oportuno, nunca un momento más tarde.

La promesa es: "Dios la ayudará al comenzar el día" (Sal. 46:5, Versión Popular) o como dice en hebreo: "a la vuelta de la mañana", que significa justamente el momento más obscuro antes de amanecer. De este modo, si en cualquier asunto en que tratas de confiar en tu Padre, el camino sigue poniéndose más y más obscuro y, en apariencia, la ayuda se aleja más y más en lugar de surgir a la vista, debes volverte más sereno y quieto que nunca y entonces sabrás que el momento de la liberación se acerca a ti cada vez que respiras.

En la narración de Marcos de aquella visita de las mujeres al amanecer a la tumba de Jesús, cuando, imbuidas en un propósito de amoroso servicio, se olvidaron enteramente de la inmensa piedra que pesaba varias toneladas en la entrada de la tumba, hasta que estaban casi al final de su camino, y entonces una exclamó con desaliento momentáneo: "¿Quién nos removerá la piedra de la entrada del sepulcro? Pero cuando miraron, vieron removida la piedra, que era muy grande" (Mr. 16:3, 4). ¿No es lo "muy grande" significativo? El gran tamaño de la dificultad que hacía imposible a las mujeres removerla, fue la razón más grande para que lo hiciera este Poder invisible.

"La extremidad del hombre es la oportunidad de

Dios." Mientras más estamos separados de la ayuda humana, mayor reclamo podemos hacer de la ayuda divina. Mientras más imposible es una situación para el poder humano o mortal, más en paz podemos estar cuando nos volvemos a El por liberación, porque el Señor ha dicho: "Mi poder se perfecciona en la debilidad" (2 Cor. 12:9). Y Pablo, comprendiendo que cuando confiaba menos en lo mortal tenía más ayuda de lo Divino, dijo: "Porque cuando soy débil, entonces soy fuerte" (2 Cor. 12:10).

Tener fe es descansar confiadamente. Hemos de descansar confiadamente diciendo: "Dios es mi fortaleza; Dios es mi poder: Dios es mi victoria segura. Yo confiaré en El y El hará que suceda".

Deléitate asimismo en Jehová,
Y él te concederá las peticiones de
tu corazón.
—Salmo 37:4

Mejor es confiar en Jehová
que confiar en el hombre.
—Salmo 118:9

Tu guardarás en completa paz a aquel
cuyo pensamiento en ti persevera;
porque en ti ha confiado.
—Isaías 26:3

Guía de estudio

1. ¿Qué significa la declaración "asirse a la Verdad"?
2. ¿Qué es un "tratamiento"?
3. ¿Qué es lo que sana todas las enfermedades?
4. ¿Qué es "la tensión" y cuál es su efecto en ti y en otros?
5. ¿Dónde termina tu responsabilidad y empieza la de Dios?
6. ¿Qué parte tiene la alabanza en el tratamiento espiritual?
7. ¿Qué tiene que ver "el tiempo" con la respuesta a la oración?
8. ¿Cuál es la gran "piedra" que se remueve?
9. ¿Quién es el "Señor" en quien debemos confiar absolutamente?
10. ¿Qué es la paz y cómo alcanza la conciencia de paz el individuo?

Capítulo 10

La palabra hablada

~

"Sin El (el Verbo) *nada de lo que ha sido hecho, fue hecho*" (Juan 1:3).

"En el principio Dios creó los cielos y la tierra".

¿Cómo?

Escucha: *"La tierra estaba desordenada y vacía, y las tinieblas estaban sobre la faz del abismo...*

Y dijo Dios: Sea la luz; y fue la luz...

Dijo también Dios: Júntense las aguas que están debajo de los cielos en un lugar, y descúbrase lo seco. Y fue así.

Después dijo Dios: Produzca la tierra hierba verde...Y fue así.

Entonces dijo Dios: Hagamos al hombre a nuestra imagen, conforme a nuestra semejanza..."

—Génesis 1:1-3, 9, 11, 26

Dios, Poder Infinito, pudo haber pensado todas estas cosas hasta el día del Juicio Final. Pudo desear durante tiempo indefinido que se formara e hiciera visible lo que pensaba. Nada hubiera sido creado en forma visible si la palabra hablada no hubiera sido dicha sobre el éter sin forma. Se necesitó el "Sea la" definido y positivo para hacer surgir orden del caos y establecer visibles resultados de los pensamientos y deseos, aun de un Creador infinito y omnipotente.

Crear es traer algo a visibilidad; formar algo donde antes no había nada; hacer que exista y tome forma lo que antes era amorfo o vacío. Existir (de *ex*, fuera de, y *sistere*, pararse) es sobresalir. El Ser siempre es; la existencia (del latín *existere*, destacarse, emerger, aparecer) es aquello que se destaca como entidad visible.

Dios crea. Porque el hombre fue creado o traído al universo visible a la imagen y semejanza de Dios, aquél, espiritualmente, tiene poderes semejantes a los de Dios: tiene el poder de crear, traer a forma visible aquello que antes no existía. Como Dios creó con la palabra hablada sin la cual "nada de lo que ha sido hecho fue hecho," así el hombre puede crear con su palabra hablada. De hecho, no hay otra manera bajo el cielo para traer a existencia las condiciones visibles y las cosas que queremos.

Hoy, todos los hombres de ciencia están de acuerdo (ciencia material así como también espiritual) que hay sólo una substancia universal de donde se hacen todas las cosas. Esta substancia es esencia divina que, aunque invisible e intangible, está a todo nuestro alrededor, como lo está la atmósfera. Esta substancia divina es amorfa y vacía, como también lo es la atmósfera física. Está esperando, esperando para siempre, que el hombre la forme según su voluntad, por medio de su palabra hablada.

¿Qué es aire líquido? Es invisibilidad comprimida ¿no es cierto? Es substancia invisible y amorfa presionada a forma por un proceso definido y continuo hasta que se vuelve visible y tangible. Esta esencia de Dios, esta substancia divina está del mismo modo sujeta a la presión del pensamiento y la palabra del hombre.

Hay tres planos en el universo: el espiritual, el mental o síquico y el físico o material. Estos tres, aunque en cierto modo distintos, están tan fundidos en uno que es difícil saber dónde termina uno y empieza otro. Todas las cosas creadas tienen Espíritu, alma y cuerpo. Todas las cosas que deseamos están ahora en el ser en lo espiritual o invisible. Pero, como ha dicho alguien, el pensamiento y la palabra hablada están entre lo invisible y lo visible. Por la acción de ambos —pensamiento y palabra hablada— lo invisible se hace visible.

Cuando deseamos cualquier cosa —uso las palabras "cualquier cosa" con intención, porque ¿no dijo el Maestro: "Y todo lo que pidiereis en oración" (Mt. 21:22)? Tenemos que quitar enteramente nuestro pensamiento del mundo visible y centrarlo en Dios. Empezamos, como Dios empezó en la creación, hablando con fe y poder a la substancia amorfa que nos rodea: "Hágase esto (cualquier cosa que deseemos). Que surja a manifestación aquí y ahora. Surge por el poder de mi palabra. Se hace; se manifiesta". Continuamos esto con vehemencia unos pocos momentos; después "dejamos ir" el asunto. Esto debe repetirse con firmeza, regularidad y definida persistencia al menos por la mañana y por la noche. Continúa haciéndolo a pesar de cualquier evidencia o falta de evidencia que tengas. La fe toma la substancia de las cosas esperadas y hace evidentes las cosas no vistas.

En el momento en que reconocemos las circunstancias adversas, en ese mismo momento dejamos ir la fe.

Nuestra palabra hablada primero martillea la cosa deseada dándole forma. La continuación de nuestra palabra hablada hace surgir esta substancia y la viste con cuerpo visible. La primera acción trae lo deseado de lo amorfo hacia lo externo hasta lo síquico; la acción continuada lo pone de manifiesto todavía más y lo viste de forma o cuerpo material.

Esto fue ilustrado para mí hace algunos años. Una mujer había estado durante días "hablando la palabra" vigorosamente por algo que deseaba mucho. No tenía confidente ni reconocía ayuda humana.

Un día escribió una carta corriente de negocios a una amiga. Esta amiga, al recibirla, inmediatamente le contestó diciendo: "¡Qué cosa más extraña ha pasado con tu carta! Cuando la tomé en el correo, tenía para mí la apariencia de estar cubierta de ... (la misma cosa que la autora de la carta había estado formando en lo invisible con su palabra hablada). Abrí la carta —continuó— y durante unos minutos la carta abierta tomó ante mis ojos la forma de un cuerno de la abundancia, vertiendo en cantidad ilimitada de esta misma cosa. ¿Estaré loca? ¿Qué significa esto?"

La palabra hablada por la mujer, sola en el silencio de su cuarto, había formado y hecho surgir hacia lo externo, hasta el plano síquico, lo deseado. Las vibraciones de su pensamiento habían penetrado, sin ella saberlo, todo lo que había tocado. La amiga, teniendo poder síquico, vio claramente que la carta estaba rodeada de aquello que la mujer había creado, aunque todavía era invisible para la vista natural. No es necesario decir que la palabra continua muy pronto trajo esta forma al mundo visible como una manifestación sólida de lo que exactamente deseaba la mujer.

En este proceso hay dos condiciones que debemos observar con cuidado. Una es: no hables con nadie de lo que estás haciendo. Hablar dispersa la preciosa substancia divina; lo que queremos hacer es enfocarla. La conversación innecesaria difunde y malgasta nuestro poder. Es imposible difundir y enfocar al mismo tiempo.

La otra condición importante que cumplir es continuar "diciendo la palabra". "No nos cansemos pues, de hacer bien; porque a su tiempo segaremos, si no desmayamos" (Gá. 6:9).

Guía de estudio

1. Lee Génesis 1 y Juan 1. ¿A qué fase del proceso creador se refiere cada capítulo?

2. ¿A qué nos referimos cuando escribimos "Palabra" con "P" mayúscula?

3. Nombra los días o pasos en el proceso creativo como se dan en Génesis 1 y 2, explicando los seis días o períodos de actividad que culminan en el séptimo día o sábado. ¿Qué sigue a estos días o pasos?

4. ¿Por qué son las oraciones de los hombres con frecuencia sólo deseos?

5. ¿Qué distingue al hombre como suprema manifestación de Dios?

6. ¿Por qué decimos que la substancia divina está para siempre "esperando a la persona"?

7. Cuando la persona ora, ¿retiene Dios lo que no es para su bien?

8. ¿Cómo "hace" la persona su cuerpo y su mundo?

9. ¿Qué lugar en la creación tiene el pensamiento? ¿Dónde actúa la palabra hablada?

10. ¿Qué parte tiene la fe en el proceso de traer bien a nuestra vida? ¿Qué otra condición debe observarse para obtener resultados perfectos?

Capítulo 11

Verdad sin adulteración

Hay una recta línea blanca de Verdad absoluta sobre la cual cada uno debe andar si desea tener demostración. El más mínimo desvío de ella resulta en ausencia de demostración, no importa cuán ávidos e intensos seamos en la búsqueda del bien.

La línea es ésta: *Hay sólo Dios; todo lo otro aparente es mentira.*

Quienquiera que esté sufriendo hoy enfermedad, pobreza, fracaso —cualquier clase de aflicción— está creyendo la mentira. Hablamos largamente de la Verdad y citamos con claridad y soltura las palabras del Maestro, "la verdad os hará libres" (Jn. 8:32). ¿Libres de qué? Libres de enfermedad, sufrimiento, debilidad, miedo, pobreza. Alegamos saber la Verdad, pero la pregunta que debemos hacernos directamente es: ¿Somos libres de lo indeseable? Y si no, ¿por qué no lo somos?

Seamos prácticos en cuanto a este asunto. Hablamos mucho de la omnipresencia de Dios. De hecho, ésta es una de las declaraciones básicas sobre la cual descansa el llamado "Nuevo Pensamiento": "Dios es omnipresente, omnipotente, omnisciente". Cuando era una niña en las cosas espirituales, pensaba como una niña y comprendía como una niña. Creía que Dios estaba aquí, allí y en todas partes al alcance de la voz de todo ser humano, no importaba si bajo el mar o en la cima de la montaña; en prisión o afuera, en el cuarto de enfermo o en la fiesta de bodas. En cualquiera o en todos los lugares El estaba tan cerca, que en un instante podía invocarse por ayuda. Para mí ésta era la omnipresencia de Dios. Entonces Su omnipotencia significaba para mí que, si la enfermedad y pobreza, el sufrimiento, la mala lengua de los celos o la calumnia tenían gran poder para hacernos sufrir, Dios tenía mayor poder. Creía que, si era llamado para ayudarnos, El seguramente lo haría, pero sería después de un combate fiero y prolongado entre los dos poderes de bien y mal o entre Dios y la tribulación.

Me pregunto si no hay otros hoy cuyos pensamientos reales y más íntimos sobre la omnipresencia y omnipotencia de Dios son muy parecidos a ésos. ¿Eres tú uno de los que creen en Dios y algo más? ¿Dios y la enfermedad? ¿Dios y la pobreza? ¿Dios y algo desagradable en tu vida que estás tratando diariamente de atenuar al aplicar una especie de emplasto de declaraciones formales de Verdad sobre el lugar enconado de tu dificultad, mientras al mismo tiempo estás dando en tu propia mente (si no en tu conversación) casi igual poder al remedio que a la enfermedad? Mientras estés en esa categoría, déjame decirte que nunca escaparás de tu servidumbre, cualquiera que sea.

Trata por un momento de pensar lo que realmente significa el Espíritu omnipresente, recordando al mismo tiempo que lo que se aplica a tu cuerpo se aplica igualmente a todas las otras formas de asuntos o condiciones humanas.

Cada pequeño átomo de nuestro cuerpo físico, tomado separadamente, está completamente lleno, penetrado de vida del Espíritu. Esto debe ser verdad porque no podría haber forma externa del átomo sin haber primero lo *sub-stans*, lo subyacente, lo que está debajo como base de todas las cosas materiales. El Espíritu que penetra cada átomo es ahora, siempre lo ha sido y siempre será absolutamente perfecto, porque es Dios, la única vida del universo. Estos átomos son mantenidos juntos cada momento por el mismo Espíritu. Trabajan juntos porque el Espíritu que los llena es un Espíritu y no varios espíritus. La vida del Espíritu no puede cambiar, porque, si lo hiciera, habría un lugar donde, por un tiempo, faltaría Dios, la perfecta vida. Un lugar por un instante sin Dios rompería la ley entera de omnipresencia, lo que no puede ser.

Jesús dijo: "La verdad os hará libres" (Jn. 8:32). Pero precedió la declaración con las palabras: "Conoceréis la verdad". Es entonces el conocimiento de la Verdad lo que nos libera. Somos libres ahora, pero no lo sabemos. Puedes ser el hijo de un rey, pero si no lo sabes, vivirás en pobreza y escualidez toda tu vida. Todos somos hoy, ahora mismo, libres de toda enfermedad, porque Dios, vida perfecta, incambiable e indestructible, permanece en nuestro interior y llena completamente cada átomo de nuestro cuerpo. Si Dios, substancia divina, llena cada parte, cada lugar y espacio como la atmósfera llena la habitación, ciertamente no hay ausencia de vida del Espíritu en ninguna parte. Entonces, si manifestamos enfermedad hoy, es porque hemos creído la mentira acerca de nosotros y hemos segado el resultado de la mentira —esto es, aparente falta de salud— en nuestra conciencia.

Todo lo que es, es bueno. Pero la falta de Dios en cualquier parte no es; es decir, no existe. Tal cosa es una imposibilidad mortal.

Muchas personas se confunden grandemente en este punto. Se les dice que "no hay mal; todo es bueno porque todo es Dios". Cuando ellas se encuentran sufriendo o ven a otros sufriendo aparente dolor, enfermedad, falta de dinero, y así sucesivamente, vacilan en su fe y empiezan a decir: "Seguro que esto no es bueno; la falta de salud no es buena; el pecado no es bueno, la pobreza no es buena. ¿Qué es esto?" Se les contesta con frecuencia: "Oh, sí, esto es bueno, porque no hay nada más que bien (Dios) en el universo. Esto es bien inmaduro como la manzana verde".

Ahora bien, la verdad es que todo lo que no es bueno (Dios) no es nada. Es la mentira y sólo tiene que ser caracterizado como tal para que desaparezca. ¿Qué es la bestia salvaje que se sienta sobre tu pecho con peso abrumador cuando tienes una pesadilla? ¿Es el "bien inmaduro"? ¿Es algo que después de unos pocos días o semanas o pensamientos correctos puedes transformar en bien? De ningún modo. De principio a fin es nada, nada sino una extravagancia, un engaño del cerebro mortal y los sentidos. ¿Tuvo en algún momento realidad? Seguramente, no. Todo es una mentira, que en el instante parece tan real, que se requiere casi esfuerzo sobrehumano para desecharla, aun después que comprendes que fue sólo una pesadilla.

"Sólo hay un Dios, el Padre, del cual proceden todas las cosas" (1 Co. 8:6), dijo Pablo. Y añade: "Porque de él, y por él y para él, son todas las cosas" (Ro. 11:36).

Si Dios, entonces, es la substancia de todas las cosas visibles e invisibles, y es omnipresente, no hay tal cosa como falta de Dios o de substancia en ningún lugar en este universo. La enfermedad sería falta de vida en alguna parte del cuerpo. ¡Imposible! La pobreza sería falta de substancia en las circunstancias. Imposible. La tontería, la ignorancia, la insensatez, serían falta de Dios, la Mente Divina, la omnisciencia en el hombre. ¡Imposible! Estas cosas no pueden ser.

¿No ves entonces cómo todas estas negaciones son nada, no verdaderas, la mentira? ¿Y cómo, en lugar de reconocerlas como algo para ser vencido, debemos ponerlas inmediatamente y en todo tiempo en su lugar real de la nada?

Volvamos a nuestra recta línea blanca de Verdad absoluta: *Sólo hay Dios.* Todo lo que no es Dios es nada, esto es, no tiene existencia —es simplemente pesadilla. Si caminamos en esta línea blanca donde rehusamos ver o reconocer nada sino Dios, entonces todo lo demás desaparece. Al tratar con los problemas de la vida diaria lograremos volvernos libres, justamente en la proporción que cesemos totalmente de tratar con males aparentes como si fueran entidades. No podemos permitirnos emplear un momento en avenirnos a su reclamo, porque si lo hacemos, nosotros mismos seremos los vencidos en lugar de los vencedores. Debemos levantarnos a las declaraciones de Verdad más altas y absolutas que sabemos. Nuestra gran declaración debe ser: *"Hay sólo Dios"*. Lo que no es Dios (el bien) es una mentira. Y esta mentira debe ser golpeada en la cabeza como una víbora, instantánea y constantemente, en el momento en que aparece en nuestra mentalidad. Golpea el monstruo con cabeza de hidra (la mentira) tan pronto como aparece, con la declaración positiva: "Tú eres una mentira. Vete a donde perteneces. No hay verdad en ti. Hay sólo Dios y Dios es plenitud de bien, vida, gozo, paz, ahora y para siempre".

La verdad absoluta es que no hay carencia real en ninguna parte sino abundancia de toda clase de bien que el hombre pueda desear o concebir, y ella espera ser usada. Cesa de creer en la mentira. Cesa de hablarla. Habla la Verdad. Es la Verdad hablada lo que hace la manifestación.

En el dominio del Espíritu no hay ni tiempo ni espacio. Lo que ha de ser y ya es, debe ser traído a la visibilidad con la palabra. Practica pensar y darte cuenta de la omnipresencia, esto es, practica comprender que todo bien que deseas está aquí ahora, del todo presente; no está apartado de ti y llegar a ti no requiere tiempo. No hay tiempo ni espacio.

No hay Dios y —un cuerpo.

No hay Dios y —circunstancia.

No hay Dios y —cualquier clase de problema.

Hay sólo Dios, desde el principio al fin de todas las cosas, en nuestro cuerpo, en nuestras aparentes carteras vacías, en todas nuestras circunstancias, sólo esperando como invisible substancia Espiritual que lo reconozcamos y admitamos a El, y a El solamente, para volverse visible. Todo lo demás es mentira.

Dios es.

Dios es todo.

Dios se manifiesta porque no hay nada más que manifestar.

Guía de estudio

1. ¿Qué es Verdad absoluta?
2. ¿Qué es demostración y cómo se hace?
3. ¿Cuál es la causa primaria del fracaso, la pobreza, la enfermedad, la muerte?
4. Explica cada uno de los términos siguientes: omnipresencia, omnipotencia, omnisciencia.
5. Explica los términos "substancia" y "vida" y muestra cómo están relacionados con el Espíritu.
6. ¿Cómo podemos ser libres de toda condición y circunstancia indeseable?
7. ¿Qué queremos decir con la declaración "el mal no existe"?
8. ¿Cuándo se "manifiesta" algo?
9. ¿Por qué decimos que es la palabra de Verdad hablada lo que hace que algo se manifieste?
10. ¿Por qué es necesario que nosotros comprendamos la omnipresencia?

Capítulo 12

Unidad con Dios

Ralph Waldo Emerson dijo:

> La oración que pide alguna conveniencia particular, cualquier cosa que no sea bien absoluto, es viciosa. La oración es la contemplación de los hechos de la vida desde el punto de vista supremo. Es el soliloquio de un alma jubilosa y agradecida. Es el Espíritu de Dios declarando buena Su obra. Pero la oración como medio para efectuar fines privados es mezquindad y robo. Supone dualismo y no unidad en naturaleza y conciencia. Tan pronto como el hombre es (conscientemente) uno con Dios no mendigará.

La verdadera oración entonces es sólo un continuo reconocimiento y acción de gracias porque todo es bueno y todo bien es nuestro ahora tanto como podrá serlo siempre. Oh, ¿cuándo se volverá nuestra fe lo bastante fuerte y firme para tomar posesión de nuestra herencia aquí? Los israelitas no entraron en la Tierra Prometida por su incredulidad. Su herencia era real y les esperaba en el acto, pero no les servía de nada ni podía darles gozo hasta que se apoderaron de ella por fe, después de lo cual y como resultado, hubiera venido la realidad. Es este tomar por fe lo que trae cualquier cosa a la actualidad y visibilidad.

¿Por qué nuestra mente mortal pospone la aceptación de todo el bien como nuestra herencia legítima en esta vida? El heredero de riqueza material tiene que aceptar su herencia antes de que pueda entrar en posesión y uso de ella. Mientras la rechaza, es tan pobre como si nada hubiera sido provisto para él. Todas las cosas son nuestras ahora: plenitud de amor, de vida, de sabiduría, de poder —aún más que eso: plenitud de todo bien, que significa abundancia tanto de las cosas materiales como de las espirituales. "Toda buena dádiva y todo don perfecto desciende de lo alto, del Padre de las luces, en el cual no hay mudanza, ni sombra de variación" (Stg. 1:17).

Algunos de los hijos de Dios están cesando de mirar las cosas de Dios desde el punto de vista objetivo y aprendiendo a contemplar los hechos de la vida desde el aspecto superior o subjetivo —aun declarando buenas todas las cosas, como hace Dios, hasta que todo lo demás excepto el pensamiento de bien desaparece de la mente y sólo el bien se manifiesta.

¡Oh qué maravillosas son estas pequeñas vislumbres que obtenemos de vez en cuando de las cosas como Dios las ve! ¡A qué altos puntos de privilegio estamos nosotros, Sus hijos, siendo levantados para que sea posible para nosotros ver todo desde el punto de vista de la inteligencia pura, de la sabiduría perfecta. "Porque de cierto os digo, que muchos profetas y justos desearon ver lo que veis, y no lo vieron" (Mt. 13:17).

Una visión instantánea de los hechos de la vida desde el punto de vista subjetivo (el lado de Dios) hace todas nuestras aspiraciones y luchas carnales, todas nuestras ambiciones, toda la sabiduría de que nos jactamos, todo nuestro orgullo, hundirse en completa nada. Vemos en su lugar que "la sabiduría de este mundo es insensatez para con Dios" (1 Co. 3:19). Todos los otros objetivos de la vida palidecen hasta la insignificancia comparados al de alcanzar más y más en unidad consciente con el Padre, donde, en todo tiempo, oraremos la verdadera oración de regocijo y acción de gracias porque sólo el bien es lo real en el universo. Cuando llegamos al reconocimiento perfecto de la unidad en lugar de la dualidad, entonces en verdad sabremos que la oración es *el soliloquio de un alma jubilosa y agradecida* y cesaremos para siempre de usar la oración como medio para efectuar un fin privado, que es mezquindad y robo.

Mientras más nos acercamos a Dios, y más aumentamos nuestro conocimiento de nuestra verdadera relación con El, nuestro Padre, con más seguridad perdemos de vista todas las personalidades, todas las divisiones; nuestra unidad con todos los hombres se vuelve tan vívida y real para nosotros que una oración por "fines privados" se vuelve imposible para nosotros. Todos los deseos del pequeño yo se funden en el deseo del bien universal porque reconocemos a sólo Uno en el universo y a nosotros mismos como parte de ese Uno.

Ahora surge la pregunta: ¿cómo podemos alcanzar esa conciencia de unidad con el Padre de manera más rápida y segura, la que nos permitirá ver las cosas como El las ve —todo bien?

Y al instante relampaguea sobre los alambres de la intuición, desde la quietud de lo invisible, una voz diciendo: "Regresa a Dios". Regresa, deja atrás lo mortal, la gente, los modos humanos; vuélvete *adentro* y busca a Dios".

Busca la luz desde lo interno, no de fuentes externas. ¿Por qué tratar siempre de interponer ayuda humana entre Dios y nosotros? Emerson dice: "Las relaciones del alma con el espíritu divino son tan puras, que es profano tratar de interponer ayudas .... Cada vez que una mente es simple y recibe sabiduría divina, las viejas cosas pasan —los medios, maestros, textos, templos, caen".

No andemos errantes, quedémonos en casa, con la causa.

La lectura constante, las discusiones, el intercambio de opiniones, son todos medios externos de llegar a la Verdad desde el lado del intelecto. Ellos son un camino, pero, "Yo soy el camino, y la verdad, y la vida" (Jn. 14:6), dijo la voz del Padre mediante el Nazareno. "La unción que vosotros recibisteis de él permanece en vosotros, y no tenéis necesidad de que nadie os enseñe" (1 Jn. 2:27). "Pero cuando venga el

Espíritu de verdad, él os guiará a toda la verdad ... y os hará saber las cosas que habrán de venir" (Jn. 16:13).

¿Cuándo cesaremos de correr tras la Verdad y aprenderemos a aquietarnos y saber que "yo soy Dios" (Sal. 46:10)?

Para poder escuchar la voz interna y recibir la forma de enseñanza más alta, la única que puede abrir los ojos de nuestra comprensión espiritual, el ser mortal debe cesar su clamor aun por la Verdad; el intelecto humano tiene que aquietarse absolutamente, olvidándose de argüir o discutir. El Padre puede guiar a toda la Verdad sólo cuando escuchamos lo que El dirá —no lo que otros dirán. Tenemos que aprender a escuchar —no con ansiedad y oídos tensos, sino con expectación, paciencia, confianza. Tenemos que aprender a esperar en Dios en la actitud de "Habla, Señor, que tu siervo oye", si queremos saber la Verdad.

Jesús dijo: "Si no os volvéis y os hacéis como niños (esto es, educables y confiados), no entraréis en el reino de los cielos" (Mt. 18:3), o el reino de la comprensión de la Verdad. Y de nuevo dijo: "Te alabo, gracias, Padre ... porque escondiste estas cosas de los sabios y de los entendidos, y las revelaste a los niños"(Mt. 11:25).

Debemos echar a un lado todas las opiniones preconcebidas de la Verdad, las nuestras o las de cualquier otra persona, y con mente receptiva al Origen de toda luz, decir continuamente: "Señor, enséñame". Debemos volvernos niños en sabiduría humana antes de poder entrar en las cuestiones profundas de Dios.

Pero, créeme, la revelación que el Espíritu de verdad te hará cuando te hayas alejado de todas las fuentes externas y aprendido a escuchar la voz en tu alma, será tal, que te hará saber —no por más tiempo creer— tu unidad con el Padre y con todos Sus hijos. Ella será tal, que te llenará de gran gozo. "Estas cosas os he hablado, para que mi gozo esté en vosotros, y vuestro gozo sea cumplido" (Jn. 15:11).

El gran Dios del universo nos ha elegido para manifestarse por medio de nosotros. "No me elegisteis vosotros a mí, sino que yo os elegí a vosotros" (Jn. 15:16). ¿Limitaremos para siempre esta manifestación al convertirnos en un molde de personalidad pequeño y estrecho que dará forma y tamaño a lo Divino, o, lo que es peor, correremos aquí y allá para pedir prestada alguna medida que nuestro vecino ha hecho de sí mismo y sostenerla como nuestra medida bajo las grandes, precipitadas aguas de la infinita sabiduría y amor, diciendo: "Esta medida es todo lo que quiero; es todo lo que ha de tenerse, todo lo que Tú eres?"

¡Despidamos para siempre esas limitaciones!

Hay una anchura en la misericordia
de Dios, como la anchura de la mar:
hay bondad en Su justicia
que es mucho más que libertad.
Porque el amor de Dios rebasa
la medida de la mente humana

y el corazón del Eterno es siempre
maravilla de amor y de gracia.
—Frederick W. Faber

¿Quieres, entonces, conocer a Dios, "a quien conocer correctamente es vida eterna"? No vayas al extranjero a buscar lo Divino. "Quédate en casa dentro de tu propia alma." Busca ahí intensa, sosegada y confiadamente la fuente de todo bien. Sabe en seguida y para siempre que sólo ahí dentro encontrarás la Verdad y sólo por medio de ella crecerás hasta ser lo que deseas, centrado en ti, equilibrado en ti. Deja ir tus pensamientos pequeños y estrechos de lo Divino; cesa de desear nada menos que el cumplimiento de Su voluntad en ti. Sus pensamientos son tan superiores a los nuestros como los cielos están más altos que la tierra. No dejes que nada menos que el perfecto cumplimiento de Su pensamiento en ti y a través de ti, te satisfaga.

¿Comprendes esto en su plenitud —el deseo del infinito amor y pura inteligencia cumpliéndose (o llenándose a plenitud) en ti y en mí?

¡Oh, cuán rápidos y lejos retroceden las preocupaciones destructivas de la vida, las irritaciones y arranques de cólera, las incomprensiones y el no ser comprendidos! ¡Cuán seguros estamos cuando hemos eliminado conscientemente —y por esfuerzo si es necesario— todas las limitaciones de deseo personal y decimos: "Aquí estoy, Padre infinito, Fuente Suprema de todo bien. Yo no tengo deseo. Tú cumples ahora Tus más altos pensamientos en mí, sin que lo impida mi conciencia; Tú ahora te viertes a través de este organismo a visibilidad; piensas Tus pensamientos a través de mi intelecto; amas a través de este corazón con tierno amor de Padre-Madre, que no piensa maldad, que lo soporta todo, que es indulgente en todas las cosas, no busca lo suyo; Tú te manifiestas según Tu manera a través de este organismo hacia el mundo visible".

Yo digo que, cuando rompemos así las cadenas del deseo personal y nos levantamos a querer que la voluntad del Padre se haga por medio de nosotros cada momento, ¡qué seguros somos del cuidado paternal que nos vestirá de belleza como a los lirios y nos alimentará como a los pájaros. Sí, aun con más abundancia de todo lo bueno que lo que da a cualquiera de éstos, porque "más valéis vosotros que muchos pajarillos" (Mt. 10:31).

¿Temes desprenderte de maestros, de ayuda humana? No temas. Confía en el gran Poderoso Uno que vive en ti y es ilimitado para manifestarse como Verdad para ti y a través de ti. No habrá fracaso ni error. Emplea algún tiempo todos los días con el Creador del universo. De ninguna otra manera llegarás a la realización que deseas. Aprende a separarte de los que te rodean. Practica esto y pronto podrás estar tan solo con Dios en la calle o en una habitación llena de gente como podrás estar en las soledades del desierto. Un pequeño libro titulado "La práctica de la Presencia de Dios" por el Hermano Lorenzo dice cómo él durante años se mantuvo conscientemente en la gloria misma de la

Presencia divina aun mientras hacía las más humildes tareas, sosteniendo siempre el pensamiento: "Yo estoy en Su presencia". Todas las cualidades que no eran divinas en el hombre murieron poco a poco y se retiraron una a una, no porque las combatió o resistió la rebeldía del hombre natural, sino porque persistentemente practicaba la Presencia (o el pensamiento de la Presencia) de Dios y en esa Presencia todas las otras cualidades se disolvían como la nieve ante el sol de primavera.

Esta es la única manera de crecimiento, de vencer. "Haya, pues, en vosotros este sentir que hubo también en Cristo Jesús" (Fil. 2:5). No tenemos, por un esfuerzo supremo, que atraer esta Mente a nosotros, sino simplemente dejarla surgir en nosotros. Nuestra parte es tomar la actitud de recibir conscientemente, recordando primero entrar en la "cámara interna" de nuestra alma y cerrar la puerta a todo pensamiento excepto el de la Presencia divina.

Cada individuo tiene que lograr su propia salvación, esto es, traer su verdadero ser a visibilidad. Esto no ha de hacerse por algún esfuerzo intenso y sobrehumano, sino cada uno tratando directamente con el Padre.

Mientras alguien siga dependiendo de otro, la manifestación del ser real, Dios, será débil y limitada. Espera sólo en Dios por la luz que deseas. El te dirá cómo actuar, qué hacer. Confía en tu propia inspiración; actúa de acuerdo con ella, aunque todo el mundo asuma el derecho de juzgarla, porque cuando un hombre deja a un lado los fines egoístas y desea sólo manifestar lo Supremo, su vida entonces se vuelve el perfecto Uno manifestándose a través de él.

Cuando aprendes a dejar a Dios manifestarse a través de ti según Su propia manera, no será como la manifestación en ningún otro. Pensarás, hablarás y actuarás sin previo pensamiento o plan. Serás tan nuevo y sorprendente para ti mismo como para cualquier otro. Porque no serás tú el que habla, sino el Espíritu de tu Padre hablando en ti.

Oh, ¡qué tranquilidad suprema tenemos cuando estamos conscientes de que nuestro pensamiento es el pensamiento de Dios; nuestro acto, nuestra palabra, la palabra y el acto de Dios por medio de nosotros! Nunca nos detenemos a pensar en los resultados: ese es Su cuidado. Somos tranquilamente indiferentes a la crítica de mentes menores (pensamiento mortal) porque sabemos a quién hemos creído. Sabemos que lo que hablamos y hacemos es correcto aunque todo el mundo lo encuentre mal. "Lo que debo hacer es todo lo que me concierne, no lo que piensa la gente", dice Emerson. Entonces Dios en ti se vuelve ley para ti y no necesitas por más tiempo las leyes externas. Dios se vuelve sabiduría para ti, revelándote siempre más y más de Sí Mismo; dándote visiones nuevas y claras de la Verdad y ciertamente "no tenéis necesidad de que nadie os enseñe" (1 Jn. 2:27). No tienes que usar por más tiempo formas externas que son sólo las limitaciones de la Verdad y no la Verdad misma. Entonces Dios será para ti, y por medio de ti para otros, no sólo sabiduría y comprensión, sino amor, vida y la abundancia de todo lo necesario.

Entonces tendrás en todo tiempo algo nuevo que dar a otros en lugar de ir a ellos para recibir; porque estarás en la fuente inagotable de todo bien con el Amo de la casa, para que a través de ti El pueda pasar libremente el pan y el agua de vida a todos los que están todavía sosteniendo su copa vacía para que alguna mano humana la llene, no habiendo aprendido todavía a entrar en toda la plenitud de bien.

Créeme, tú que buscas la Verdad, que buscas vida, salud y satisfacción, éstas no se encuentran en ninguna parte hasta que las buscas directamente en la Fuente Suprema, que da a todos. Empieza en seguida a echar a un lado todo lo que hasta ahora has interpuesto entre tu alma y la gran causa de todas las cosas.

Cesa ahora y para siempre de apoyarte en nada menos que lo Eterno. Nada más puede darte paz.

Guía de estudio

1. ¿Dónde y cómo se ejercita la verdadera oración?
2. ¿Qué facultad mental es de primera importancia en el ejercicio de la verdadera oración?
3. ¿Por qué podemos decir que el bien es la única realidad en el universo?
4. Explica el significado de la palabra "hecho" y qué significa "contemplar los hechos de la vida desde el punto de vista supremo".
5. ¿Qué significa "unidad consciente con el Padre" y cómo se alcanza esta unidad consciente?
6. Nombra algunos de los resultados de estar en unidad consciente con Dios.
7. ¿Qué significa la "voluntad de Dios" en ti?
8. ¿Cómo tienes tú "la misma Mente que estuvo también en Cristo Jesús"?
9. Explica la diferencia entre "revelación" e "inspiración" según se usan en esta lección.
10. ¿Cómo buscas directamente en la "Fuente Suprema" y cómo viene a ti Su provisión?

ACERCA DE LA AUTORA

La Dra. Harriet Emilie Cady nació el 12 de septiembre de 1848, en una finca cerca de Dryden, New York. Se sabe muy poco de su vida personal. Nunca se casó, y empezó su vida profesional como profesora en una escuela en Dryden. La Dra. Cady estudió medicina homeopática y probablemente fue una de las primeras doctoras en New York.

A comienzos de su carrera como médico, ella descubrió que las enfermedades de sus pacientes eran demasiado avanzadas para ser curadas con medicinas regulares. De acuerdo con los principios de la homeopatía, ella empezó a tratar a sus pacientes como seres espirituales, ayudándolos a encontrar en sí mismos el origen de la salud para el cuerpo y la mente. Ella llegó a convencerse de que Dios era siempre el sanador.

La sinceridad de la Dra. Cady hacia las ideas de la Verdad la dirigió a ser alumna de Emma Curtis Hopkins, pionera del Nuevo Pensamiento. Ella escribió un folleto llamado "Encontrando el Cristo en nosotros" que llegó a las manos de Myrtle Fillmore, cofundadora de Unity juntamente con su esposo Charles. Ellos quedaron tan impresionados con el discernimiento espiritual de la autora que le escribieron y la invitaron a escribir para ellos.

Uno de los primeros artículos en la revista *Unity* apareció en enero de 1982 ("Ni yo te condeno"). Sus artículos tuvieron una gran acogida entre los lectores, muchos de los cuales le pidieron que escribiera un curso simple de lecciones sobre los principios de la sanación divina. Al comienzo vaciló, luego aceptó. Desde que apareció la primera lección "La declaración del ser" (revista *Unity*, octubre de 1894), estas lecciones tuvieron una acogida extraordinaria. La continua demanda de copias adicionales de la revista donde las lecciones fueron publicadas, llevó a Charles Fillmore a volver a publicarlas en tres folletos, cuatro lecciones en cada folleto. En 1903 *Lecciones acerca de la Verdad* salió a la luz como libro y desde entonces ha sido traducido a once idiomas y se han vendido más de millón y medio de copias.

Una mujer alta e impresionante, de facciones marcadas y una voz sincera, la Dra. Cady no conoció a los Fillmore sino hasta 1927, cuando ellos la visitaron en New York. Como parte de su credo de no destacar su personalidad, ella nunca visitó Unity Village. Ella murió en su casa en enero de 1941 a la edad de 92 años.

H. Emilie Cady fue una mujer que probó a Dios en su vida. Los frutos de su vida, sus escritos, están tan llenos de luz y vida que continúan inspirando a los lectores hoy en día. Indudablemente, los trabajos de la Dra. Cady son de calidad clásica y espiritual, unos de los mejores que el movimiento metafísico de cristiandad ha producido.

Impreso U.S.A.
265-1293-6M-11-95